Kurd von Schlözer

Livland und die Anfänge deutschen Lebens im baltischen Norden

EHV
HISTORY

Kurd von Schlözer

Livland und die Anfänge deutschen Lebens im baltischen Norden

ISBN/EAN: 9783955642075

Auflage: 1

Erscheinungsjahr: 2013

Erscheinungsort: Bremen, Deutschland

EHV
HISTORY

Livland

und

die Anfänge deutschen Lebens

im baltischen Norden.

Von

Kurd von Schlözer.

Berlin 1850.
Verlag von Wilhelm Hertz.
(Besser'sche Buchhandlung.)

Inhalt.

I.

II.

III.

IV.

V.

VI.

VII.

Volquin, Ordensmeister der Schwertbrüder in Livland. Versuche, die Schwertritter mit dem deutschen Orden zu vereinigen. Waldemar II. weiß durch seinen Einfluß in Rom diese Verbindung zu hintertreiben. Die Dänen sperren den Hafen zu Lübeck und verhindern die Kreuzfahrer an ihrer Abreise nach Livland. Die Deutschen vermögen den Dänen zur See keinen Widerstand zu leisten. Endlich legt sich der Papst ins Mittel. Waldemar bringt durch seine Gesandten in Rom auf die Herausgabe der estnischen Besitzungen. Herrmann von Salza begünstigt den Plan Volquins, die beiden Ritterorden zu vereinigen. Zaudernde Politik der römischen Curie. Schlacht der Deutschen gegen die Litthauer am 22. September 1236. Volquin fällt; seine Ritter müssen das Feld räumen. Jetzt geht man in Rom auf Volquins Pläne ein. Papst Gregor IX. vereinigt die Orden. Livland und der Süden von Estland werden deutsche Ordensprovinzen. Den Norden von Estland muß der Orden den Dänen wieder einräumen.

VIII.

I.

Im Sommer des Jahres 804 brach der Kaiser Karl mit seinem Heerbanne vom Hoflager zu Aachen auf, um nach Norden gegen das Sachsenvolk zu ziehen. Zweiundbreißig lange Kriegsjahre hatten nicht hingereicht, um diesen stets kampffertigen, zu immer neuen Empörungen aufgelegten Feind zu unterdrücken. Jetzt galt es einen letzten Schlag auszuführen. Der Kaiser war zu den äußersten Gewaltmaßregeln entschlossen. Er hatte es sich nun einmal zur höchsten Aufgabe seines Lebens gestellt, die auf dem europäischen Festlande weitverzweigten germanischen Volksstämme zu einem Ganzen zu vereinigen, und außerhalb wie innerhalb dieses Völkerverbandes dem noch immer mächtig wuchernden Heidenthume und der diesem eng verbundenen Barbarei überall mit dem Schwerte der Vernichtung oder dem Kreuze der christlichen Civilisation entgegen zu treten. Wollte er daher von diesem Ziele nicht abstehen, so mußte er jetzt endlich vor Allem bei jenem kräftigen Volksstamme der Sachsen seiner Herrschaft die unbedingteste Anerkennung, dem Christenthume aber volle Geltung verschaffen.

1.

Und es gelang ihm. Ein kurzer Feldzug, der dem Feinde
nicht einmal Gelegenheit gab, seine Streitkräfte zu einer
entscheidenden Schlacht zusammenzuführen, reichte hin, um
den letzten Rest von Selbstständigkeit und nationaler Unabhängigkeit im Sachsenvolke zu brechen und durch die
Handhabung der größten Strenge eine Erhebung desselben
fortan unmöglich zu machen. Damals geschah es, daß,
auf des Kaisers Geheiß, zehntausend Sachsen mit Frau
und Kind die heimathlichen Ufer der Elbe verlassen und
in ferne Gegenden des fränkischen Reiches auswandern
mußten, um sich dort neue Wohnsitze zu schaffen. Früher
hatte Karl in den südlichen Gegenden des Sachsenlandes
Bisthümer eingerichtet, jetzt wurden im Norden ähnliche
Gründungen vorgenommen, denen bald die Anlage von
größeren Städten folgte. An den Marken des eroberten
Landes aber erhoben sich rasch wohlbefestigte Kastelle und
während die Zwingburgen der Kirche für die Ruhe und
Ordnung im Innern des Landes sichere Gewähr leisteten,
boten im Osten das starke Halle und Magdeburg, im
Norden die Feste Essesfeld an der Stör einstweilen kräftigen Schutz gegen alle Angriffe der kühnen Grenznachbarn.

Denn keineswegs sollte Karl im ruhigen Besitze des
so mühevoll Errungenen bleiben. Schon drängten von Ost
und Nord die alten Erbfeinde des deutschen Namens mit
neuer Macht heran: dort lagerten die ungeordneten Massen
slavischen Volkes, hier jenseits des Dannewirks lugte der
Däne gierigen Blickes herüber ins Sachsenland und drohte
jeden Augenblick mit neuen Einfällen, während an den

Gestaden der Nordsee große Schwärme von normännischen Raubschiffen umherkreisten und alle Küstenlande in Angst und Schrecken versetzten. Der Fall des Sachsenvolkes hatte dem Heidenthume eine seiner Hauptstützen geraubt; der ganze Norden Europa's schien in Aufruhr zu sein und fest entschlossen, blutige Rache für den sächsischen Genossen zu nehmen.

Keinen Augenblick verkannte der Kaiser die Größe der drohenden Gefahr. Wohlgerüstet zu Lande wie zur See trat er überall kühn und entschieden diesen Angriffen entgegen. Aber die Feinde waren zu mächtig und der physischen Gewalt allein ist es nie gelungen, da einen dauernden Sieg zu erringen, wo Begeisterung für eine Idee den Gegner fanatisirt hat. Das konnte dem großen Karl bei seiner tiefen Weltanschauung nicht verborgen bleiben. Er sann auf wirksamere Mittel. Wie, wenn er es vermochte, in diesen weiten nordischen Gegenden mit den Waffen des Geistes dem Worte der Liebe und des Friedens Eingang zu verschaffen, wenn es ihm noch am Abende eines überreichen Lebens gelang, seinem hehren Namen, der schon an den Ufern des Ebro wie am fernen Chalifensitze zu Bagdad, im Vatican wie am byzantinischen Hofe mit Begeisterung und Ehrfurcht genannt wurde, hier unter den heidnischen Völkern, die so eben erst aus ihrem Dunkel hervor in ein neues Stadium ihrer Entwickelung zu treten schienen, ein Denkmal zu gründen, größer als aller Waffenruhm, ehrenvoller als aller Glanz der Eroberung? Solche Gedanken bewegten unablässig die Seele des greisen Fürsten.

Und in dem Jahre 811 gründete er, die Geschicke des europäischen Nordens mit kühner Hand ergreifend, an den Ufern der Elbe, wenige Meilen vor ihrem Ausflusse ins Meer, eine heilige Stätte zur Errichtung eines Erzbis= thums, von wo die christliche Lehre zu den östlichen Sla= ven wie zu den Dänen und den übrigen Bewohnern des Nordens ausgehen sollte. Der Bischof Amalhar weihte die dort gebaute Kirche, und bald traf hier auch ein frommer Priester Namens Heridag ein, den der Kaiser zum ersten Erzbischof dieses nordischen Vorwerks der Christenheit aus= erkoren hatte.

Aber ein Unstern eigener Art waltete von Anfang an über der jungen, mit so großen Hoffnungen gegründeten Pflanzung. Noch war Heridag nicht einmal zum Bischof geweiht, als ein unerwarteter Tod den Kaiser abrief. Kurze Zeit darauf starb auch Heridag selbst. Die hamburger Kirche war plötzlich verwaist und Niemand fand sich, der ihr einige Achtung schenkte. Denn wenn auch unter Karls Sohn und Nachfolger, dem frommen Ludwig, das nordi= sche Bekehrungswerk mit regem Eifer fortgesetzt wurde, so waren doch alle die großartigen Pläne, die sich an die Gründung jenes Erzstiftes geknüpft hatten, für lange Zeit in Vergessenheit gerathen. Erst im Jahre 831 nahm Lud= wig vielleicht unbewußt die Entwürfe seines Vaters wieder auf. In Norwegen, Schweden und Dännemark hatten damals die Missionare Ebo und Ansgar mit vielem Glücke für die Heidenbekehrung gewirkt und um diesen Unterneh= mungen einen starken Rückhalt in Deutschland zu geben, versuchte der Kaiser nun die abermalige Gründung eines hamburger Erzbisthums. Dem wohlverdienten Ansgar wurde zuerst die Verwaltung desselben übertragen und durch den fortgesetzten Eifer, mit dem er die nordische Mission beaufsichtigte und überwachte, erhielt bald sein Sprengel nach allen Seiten hin den mächtigsten Einfluß. Es schien, als sollten jetzt endlich die Pläne des heimgegangenen Vaters verwirklicht werden.

Da brachen plötzlich neue, unheilvolle Ereignisse über die blühende Stiftung ein.

Die heidnischen Normannen, die schon lange in diesem Erzbisthum einen der gefährlichsten Waffenplätze gegen ihre Lehre erkannt hatten, erschienen mit 600 Segeln in der Elbe vor Hamburg. Um erfolgreichen Widerstand leisten zu können, war hier damals gerade nichts vorbereitet. Das Kastell wurde überrumpelt, Kirche und Kloster in Brand gesteckt und die Mehrzahl der Bewohner niedergemacht oder verjagt. Ansgar selbst entkam mit genauer Noth; er mußte die heiligen Gewänder zurücklassen und konnte nur die theuren Reliquien seiner Kirche retten. Mit diesen irrte er lange Zeit, begleitet von wenigen, getreuen Geistlichen, obdachlos umher, wurde in Bremen, als er hier ein Unterkommen suchte, vom Bischof Leubiger schnöde abgewiesen, bis er endlich in Ramesloh im Verdenschen bei einer mitleidigen Matrone, der frommen Ikia für sich und seine Kleinodien einen sicheren Schutz fand. Hier errichtete er ein Kloster. Die flüchtigen Geistlichen scharten sich bald wieder um ihn, und da mittlerweile die Normannen von

dem verwüsteten Hamburg schon abgezogen waren, so begann er von Neuem seinen Kirchsprengel zu bereisen, die
durch den Einfall wankend gewordenen Gemüther wieder
im Glauben zu befestigen und mit unverdrossenem Eifer
für die nördlichen Heiden zu sorgen.

Einer so aufopfernden Pflichttreue konnte aber auf die
Länge die gebührende Anerkennung nicht versagt werden.
Schon beschäftigten sich Kaiser und Papst alles Ernstes
mit der Regelung der Angelegenheiten des aufs ärgste
heimgesuchten nordischen Stiftes, dessen Leitung der wackere
Ansgar wieder übernommen hatte und als nun im Jahre 847
durch den Tod Leubigers der Bischofssitz in Bremen erle-
digt wurde, vereinigte Leo IV. den bremer Kirchsprengel
mit der hamburger Metropole und übersandte dem Ansgar
zugleich mit dem erzbischöflichen Pallium die Vollmacht,
an geeigneten Orten Kirchen zu gründen, Priester zu weihen, ihre Sprengel zu bestimmen und Bischöfe anzuord-
nen, welche alle ihm und seinen Nachfolgern im Erzstifte
sollten untergeben sein. Erst ein später Tod setzte der viel-
seitigen Wirksamkeit dieses Mannes ein Ende.

Seit jenem verheerenden Einfalle der Wikinger, der
den Schicksalen des nordischen Erzstiftes eine so überra-
schende Wendung gegeben hatte, mochten etwa 200 Jahre
verflossen sein, als sich Adalbert, der Sohn des Pfalz-
grafen Friedrich I. von Sachsen, eine gigantische, glanz-
volle Erscheinung, von den Einen verschrieen wegen der
kleinlichsten Fehler, bewundert von den Anderen wegen seltener Tugenden und Geistesgaben, auf den erzbischöflichen

Stuhl zu Bremen schwang, um bald von hier aus durch die kühnsten Entwürfe und Unternehmungen dem ganzen Norden von Europa eine neue, hohe Bedeutung zu verleihen.

Die einflußreiche Stellung, welche die hamburgisch-bremische Kirche während dieses Zeitraums in Folge des raschen Aufschwungs des europäischen Nordens errungen hatte, schien jener hervorragenden Persönlichkeit selbst die Bahnen zur glänzendsten Entwickelung geöffnet zu haben.

Der europäische Norden war allmählig zum Gefühle seiner Kraft gekommen. Das Dunkel war gelichtet, welches alle jene entlegenen Lande der Slaven, Finnen und Skandinavier dem Alterthume wie dem Zeitalter Karls des Großen verschleiert hatte. Kühn und muthig hatte es zuerst der normännische Seeräuber unternommen, die entferntesten Gegenden dieser nordischen Welt zu erforschen und nachdem er durch seine Seefahrten und Kriegszüge eine weithin wirkende Aufregung, eine gegenseitige Berührung und Verschmelzung der verschiedenartigsten Volkselemente herbeigeführt hatte und er sich nun, müde vom Jahrhunderte langen Abenteuern, nach ruhigem Besitze sehnte, da war schon mittlerweile das Christenthum mit seinem Alles durchdringenden und belebenden Einflusse dazwischen getreten und hatte in diesen ihm neu geöffneten Regionen die alte heidnische Götterwelt, zu deren Erhaltung der religiöse Fanatismus der Normannen seine ganze Kraft vergeblich aufgeboten hatte, in die dunkle Tiefe des Volksbewußtseins zurückgedrängt, wo sie im heimlichen Aberglauben noch Jahrhunderte lang ihr Wesen trieb.

Ueberall war der Sinn für das Christenthum mächtig
erwacht. Da gab es keinen Staat, kein Volk, keine Macht,
die im Stande gewesen wäre, dem Strome der neueren
Ideen auf die Länge Stand zu halten. Die natürliche,
ungebändigte Freiheit des Nordländers war gewichen, eine
höhere Gesittung an ihre Stelle getreten.

Staunend hatte so eben erst die Christenheit im Jahre 1026
den damals gewaltigsten Fürsten des Nordens, Knud den
Mächtigen, den Träger der vereinten englischen und dänischen Königskronen nach Rom pilgern sehen, um hier in
frommer Andacht dem heiligen Vater selbst seine Huldigung
darzubringen. Etwa fünfundzwanzig Jahre früher war
in Schweden, wo sich das Christenthum seit den Zeiten
des Ansgar in aller Stille und auf friedlichem Wege verbreitet hatte, der König Olaf in dem Born bei Husaby
in Westgothland vom Bischof Siegfried getauft worden,
jenem gottesfürchtigen Angelsachsen, der sein ganzes Leben
daran setzte, um fern von der Heimath, einen fremden
Boden für den Samen des Christenthums vorzubereiten.
Heftiger Kämpfe hatte es freilich in dem benachbarten Norwegen bedurft, bevor die neue Lehre zu allgemeiner Geltung kam, da hier von Anfang an das religiöse Element
mit dem politischen in Konflikt gerathen war. Aber während hier noch die zahlreichen heidnischen Stammkönige
zugleich mit ihren alten Rechten die alte Götterlehre hart-
näckigst gegen die aufkeimende Macht eines einigen Ober-
königthums, das sich aufs engste dem Christenthume angeschlossen hatte, vertheidigten und dadurch immer neue

Kämpfe und Spaltungen hervorriefen, hatten bereits wan=
derlustige Männer, welche aus Unzufriedenheit mit den po=
litischen Wirren und Bewegungen das Heimathland ver=
lassen, der skandinavischen Freiheit wie der christlichen Lehre
auf den fernen Inseln der westlichen Polarwelt eine neue
Stätte gegründet. Schon war durch sie das eisige Grön=
land entdeckt. Schon weideten hier auf den grasreichen
Triften der Halbinsel die Heerden fleißiger Ansiedler, welche
auch bald kostbare Wallroßzähne als Peterspfennig nach
Rom sandten. Schon waren große Haufen dieser unterneh=
menden Auswanderer, als ob die Grenzen Europa's ihrem
Thatendrange zu enge geworden, nach dem nördlichen Fest=
lande von Amerika übergesetzt und hatten hier, fast ein
halbes Jahrtausend vor Colombos' weltkundiger Fahrt, bis
tief ins Innere des Landes hinein ihre Kirchen und Ko=
lonieen gegründet, deren fernere kurze Geschicke, ohne Ein=
fluß auf die damalige Weltentwickelung, vielleicht spurlos
verschollen wären, wenn nicht noch heute in den heiligen
Tempelruinen und den halbverwitterten Runenschriften ge=
waltiger Felsblöcke, so wie in den Sagen und Dichtungen
jener Zeit die Erinnerung an die Thaten dieser Normannen
fortlebte. Denn schon hatte sich auf dem bereits seit zwei
Jahrhunderten entdeckten Island jenes sinnige, poetische
Stillleben entwickelt, das hier unter dem rauhesten nordi=
schen Himmel die zartesten Blüthen skandinavischer Sage,
Sprache und Dichtung hervortrieb und in den Heldenge=
sängen der Edda dieselben mythischen Völkerkämpfe, Heer=
fahrten und Großthaten der nordisch=germanischen Altvordern

verherrlichte, welchen wir zum Theil nur in wenig ab-
weichender Gestalt bald darauf in dem deutschen Liederkreise
der Niebelungen wieder begegnen.

Aber nicht minder erfolgreich als für den Nordwesten
waren diese Seezüge der Normannen für den Nordosten
Europas gewesen. Hier wie dort gelang es ihrer Kühnheit und Waffenkunde den Kreis der bekannten Länder und
Gewässer zu erweitern; überall ebneten sie, obgleich selbst
die erbittertsten Feinde des Christenthums, der neuen Lehre
neue Bahnen. Denn fast in demselben Decennium des
neunten Jahrhunderts, da Other, der seekundige Haloga-
länder, »drei Tagereisen weiter als die Wallfischfänger
segelnd«, das Nordcap Skandinaviens umfuhr und, in
die bis dahin fast verschlossenen Regionen des Polareises
steuernd, bis zur Dwina in das pelz- und goldreiche Land
der fabelhaften Biarmier gelangte, gründete ein anderer
muthiger Führer Rurik mit einer auserlesenen Schaar
tapferer Gesellen aus dem Stamme der schwedischen Rus
jenseits des baltischen Meeres unter slavischen und finnischen Volksmassen einen mächtigen Staat, der bald in seiner raschen Ausdehnung zum schwarzen Meere mit dem
byzantinischen Reiche in enge Verbindung trat, um von
hier mit der christlichen Lehre die ersten Keime edlerer Bildung in sich aufzunehmen, während ihm der skandinavische
Norden zugleich mit dem weltlichen Gesetze noch zwei Jahrhunderte hindurch zum Schutze gegen innere und äußere
Feinde die kräftigsten seiner Söhne zuführte. Hier auf
den weiten osteuropäischen Ebenen, wo schon die Gebeine

so manches eblen Normannen bleichten, sehen wir noch im
Jahre 1024 »den blinden Jakun, der mit seinen Warägern
von jenseits des Meeres« dem rechtmäßigen Gebieter
von Rußland zu Hülfe geeilt war, im Kampfe mit dem
aufrührerischen Mistislaw. Hier an den Ufern der Dnieper, dessen Fluthen so lange Jahrhunderte alle jene Nor-
mannenhaufen zum schwarzen Meer hinabgeleitet hatten,
die nach Constantinopel zogen, um dort in den kaiserlichen
Garden Ehre und Ruhm einzuernbten, hier in Kiew, wo
sich jetzt die glänzende Hofburg der Rurikingen erhob,
weilte um eben diese Zeit die schöne Jugegerb, eine schwedische Königstochter, die ihr Vaterland verlassen hatte, um
an der Seite ihres fürstlichen Gemahls, des mächtigen
Jaroslaw den letzten Glanz eines Regentenhaufes zu
theilen, das nur zu bald, durch innere Zwistigkeiten
veröbet, die Jahrhunderte der Schmach und Erniebrigung
über Rußland herbeirief. Hier endlich freite so lange
Zeit vergebens der kühne norwegische Prinz Harald, »der
Bliß des Nordens und der Verderber der dänischen Inseln«, um die Hand Elisabeths, der ältesten Tochter Jaroslaws und führte erst, nachdem er, wie die Sage geht,
im saracenischen Sicilien und Afrika sein Glück versucht
und an den Gestaden des schwarzen Meeres in klagen-
den Liedern an die »stolze, russische Maid« seine Trauer
ausgehaucht, die Geliebte heim, um dann im hohen Alter,
wo ihn neuer ungestümer Kriegsmuth hinaustrieb, in der
weltkundigen Schlacht bei Stamfordbridge den Heldentob
zu finden.

Wir sehen, der Norden Europas und die Südwelt waren einander näher gerückt und in die mannigfachsten Berührungen zu einander getreten. Als vermittelndes Glied zwischen beiden stand aber das stolze Erzstift an der Weser da, von wo aus sich während des neunten und zehnten Jahrhunderts, unter der besonderen Pflege und Fürsorge angelsächsischer Geistlicher, das Christenthum immer weiter nach Norden hin ausgebreitet und überall tiefe Wurzeln geschlagen hatte. Freilich war es den bremischen Kirchenfürsten nicht gelungen, den ganzen Kreis jener Normannengründungen unter ihre Botmäßigkeit zu bringen und sich der ausschließlichen Leitung des dortigen Bekehrungswerkes zu bemächtigen. Denn durch frühe und enge Beziehungen zu Constantinopel war das ganze gewaltige Russenreich schon unwiederbringlich für die abendländische Kirche verloren; Esten, Curen und andere Bewohner des nördlichen baltischen Meeres wiesen alle Versuche, die von Schweden und Dännemark aus gemacht wurden, sie zur Annahme der Taufe zu bewegen, damals noch trotzig zurück; die Liven waren sogar noch nicht einmal dem Namen nach in der Westwelt bekannt: hier war es einer späteren großen Zeit vorbehalten, die Versäumnisse der früheren Jahrhunderte nachzuholen. Aber eine desto wirksamere Thätigkeit entwickelte die bremer Kirche nach anderen Richtungen hin. Was seit den Zeiten Karls des Großen im Norden der deutschen Wendenmark östlich von der Elbe für die Verbreitung des Christenthums geschehen, war besonders von Bremen ausgegangen und befördert. Von Bremen erhiel=

ten Skandinavien und Dännemark zahlreiche Bischöfe und Geistliche. Von hier wurde der ganze Norden mit allen seinen Kirchen, Klöstern und geistlichen Stiftungen über- wacht, und wenn sich auch dann und wann an manchen Orten leise Gelüste nach Unabhängigkeit zeigten, so wußte Bremen doch immer bald wieder durch kühne und kluge Maßregeln seine Stellung als Metropole aufrecht zu er- halten und ihr den gehörigen Nachdruck zu verleihen.

Während sich so das Ansehen und die Macht dieses Erzstiftes nach Außen hin immer mehr erweiterte, hatte sich im Inneren seiner deutschen Kirchenlande ein Feuer des Habers und der Zwietracht entzündet, das, anfangs leise glimmend, bald in die offene Flamme der Feindselig- keit auszuschlagen drohte. Schon lange hatten sich näm- lich, wie in allen deutschen Gebieten, so auch im Sachsen- lande zwischen den weltlichen und geistlichen Machthabern die gehässigsten Eifersüchteleien und Streitigkeiten entwickelt, die einen immer ernsteren Charakter annahmen, je mehr die Einen wie die Anderen, dem allgemeinen Zuge jener Zeit folgend, ihre Gewalten auszudehnen und zu erweitern trachteten.

Da waren es vornehmlich die hochangesehenen Bil- lunger, in deren Geschlechte sich schon seit der Mitte des zehnten Jahrhunderts die Herzogswürde über den bei wei- tem größten Theil des Sachsenlandes vom Vater auf Sohn fortgepflanzt hatte und die in der ihnen von den Kaisern gestellten Aufgabe, die Grenzen des deutschen Gebietes ge- gen Norden zu schützen und auszudehnen, zugleich eine voll-

gültige Aufforderung erblickt hatten, ihre eigene Hausmacht
durch die Erwerbung und den alleinigen Besitz der wendischen Landschaften zu erweitern. Daß aber hierdurch die
Kirche, welche die Kriege gegen die heidnischen Slaven nur
als ein Mittel zur Ausbreitung des Christenthums anerkennen und sich selbst die Einrichtung und Verwaltung der
neuen Lande vorbehalten wollte, viele ihrer ältesten Vor-
rechte angegriffen und verletzt zu sehen fürchten mußte, war
sehr begreiflich und je eigenmächtiger daher hier die Billunger zu Werke gingen, desto eifersüchtiger fingen allmählig
die bremischen Erzbischöfe an, ihre Gerechtsame zu über-
wachen und gegen die Eingriffe der Herzöge sicher zu stellen.

Gegen die Mitte des eilften Jahrhunderts hatte indessen
die Macht der Billunger, besonders unter dem gewaltigen
Herzog Bernhard II., einen so gefahrdrohenden Aufschwung
genommen, daß die bremischen Kirchenfürsten im Gefühle
der Unmöglichkeit, hier allein Stand halten oder es gar
auf einen offnen Kampf ankommen lassen zu können, sich
an den Kaiser wandten, um bei ihm Schutz und Hülfe
zu finden.

Manches geschah freilich, um die geistliche Gewalt mit
der weltlichen wieder in das gehörige Gleichgewicht zu
bringen. Aber eine entscheidende Wendung trat hier erst
ein, als im Jahre 1045 jener Adalbert den erzbischöflichen
Stuhl zu Bremen bestieg mit dem festen Entschlusse, nicht
nur die Macht der weltlichen Herren in seinen Kirchen-
landen auf alle Weise zu brechen, sondern auch nach Außen
dem Erzstifte so viel Glanz und Ansehen zu verleihen, daß

daburch selbst die großartigsten Bestrebungen seiner Vorgänger verdunkelt, ihm selbst aber für alle Zeit ein Blatt
in der Geschichte gesichert würde.

Das Hauptstreben seines Lebens war, ein nordisches
Patriarchat zu stiften, das, unabhängig vom römischen
Stuhle, alle jene von Bremen aus christianisirten Lande
aufs engste mit einander verbinden und unter seine alleinige
Botmäßigkeit stellen sollte. Und wohl schien zur Ausfüh-
rung eines solchen Planes der hochfliegende Geist, der un-
erschütterliche Charakter und die gewandte Persönlichkeit
Adalberts vollkommen geeignet zu sein.

Eine hohe Geburt und fürstliche Erziehung hatten ihn
schon frühe mit jenen vornehmen Lebensverhältnissen vertraut gemacht, die durch ihre Vielseitigkeit besonders den
feinen Takt, Weltkenntniß, äußeren Anstand und die Gabe
des Umganges im Menschen auszubilden pflegen. Sein
Vater war der Pfalzgraf Friedrich I. aus dem Geschlechte
Wettin, das sich der Verwandtschaft mit den Ludolfingern
und durch die Theophano mit dem griechischen Kaiserhause
rühmte; seine Mutter die hochbegabte, in den edlen Künsten
und Wissenschaften aufs feinste gebildete Gräfin Agnes von
Weimar. Als der älteste unter drei Brüdern, von denen
der Eine, Dedo, sich späterhin in den ungarschen Feldzügen
auszeichnete, während Friedrich dem Vater in der Pfalz-
grafenwürde folgte, widmete Adalbert sich frühe dem Kirchen-
dienste, bekleidete um das Jahr 1035 in Bremen das Amt
eines Subdiacons und ging später als Probst nach Halberstadt. Schon damals hieß es von dem jungen Geistlichen,

deſſen ſchlanker Wuchs und edle Züge allgemeines Auffehen
erregten, er ſei »drohend in Haltung und Geberde und in
»ſeinen Worten ſo hoch, daß Manche ihm nicht trauten.«
Sein Gedächtniß war bewundernswerth: faſt Alles was er
einmal gehört, geſehen oder geleſen hatte, behielt er und
wußte es augenblicklich mit der ihm eigenen Beredſamkeit
wiederzugeben. In weltlichen war er ebenſo wie in den
geiſtlichen Dingen unterrichtet und erfahren; ſein durch-
dringender Geiſt faßte Alles mit gleicher Schärfe und
Schnelligkeit auf. Die feinſten Genüſſe, äußerer Glanz
und üppiger Prunk ſchienen ihm Lebensbedarf zu ſein;
aber keuſch blieb er bis zum Grabe. Seine Freigebigkeit
grenzte an Verſchwendung. Das Bitten widerſtrebte der
ſtolzen Natur. Von Anderen etwas anzunehmen koſtete ihn
ſtets Ueberwindung. Sein natürliches Selbſtgefühl artete
frühe in Eitelkeit und Hochmuth aus. Als er im Juli
des Jahres 1045 am kaiſerlichen Hofe zu Aachen in Gegenwart Heinrichs III. und der vornehmſten Fürſten des Reichs
von zwölf Erzbiſchöfen die Weihe erhielt, rief er höhniſch
aus: Nie wird irgend Jemand es wagen, mir zu fluchen,
da ich von ſo vielen Patriarchen der Kirche und ſo feier-
lich geſegnet bin!

Durch dieſe neue Würde war plötzlich ſeinem Ehrgeize
und ſeinem Thatendrange ein unermeßliches Feld geöffnet:
glänzender als zuvor entwickelten ſich ſeine hohen Talente
und Geiſteskräfte, aber auch greller traten zugleich ſeine
Schwächen und Fehler ans Licht. Für die Machterweiterung der ihm anvertrauten Kirche bot er von jetzt an alles

auf: »Niemanden, nicht mich selbst, nicht meine Brüder,
»nicht meine eigenen Schätze, noch die Schätze der Kirche
»werde ich schonen, um mein Bisthum von dem fremden
»Joche befreit und den übrigen Bisthümern gleich gestellt
»zu sehen.« Und als ob sich in seinem ersten Unternehmen
sogleich das ganze Streben seines Lebens abspiegeln sollte,
ließ Adalbert, nachdem er kaum den erzbischöflichen Stuhl
bestiegen, die von seinem Vorgänger begonnene Hauptkirche
in Bremen niederreißen, so wie auch die Stadtmauer, den
hohen festen Thurm und das schöne von polirten Quadern
errichtete Kloster, um aus den so gewonnenen Steinen den
Neubau einer Kathedrale aufzuführen, der alles frühere an
Pracht und Glanz überstrahlen sollte. Nach sieben Jahren war
bereits das Aeußere der Kirche zum größten Theile fertig.

Und wenn dann der schöne Mann, angethan mit dem
erzbischöflichen Ornate, an hohen Festtagen unter dem strahlenden Glanze der Kerzen, dem berauschenden Dufte der
Weihrauchfässer und dem »donnernden Schalle des Chor-
gesanges« das Hochamt hielt, oder wenn er von den
Zinnen seines Süllbergs bei Hamburg das Auge wohlgefällig über den breiten Strom der Elbe schweifen ließ,
deren Fluthen seine Kirchenboten zu den Völkern des Nordens führten, oder wenn er beim üppigen Gastmahle im
Genusse geistvoller Unterhaltungen schwelgend, von der
Schaar der ihn umgebenden höfischen Schmeichler, Astro-
logen, Wahrsager und Aerzte als Patriarch begrüßt würde
und aus ihrem Munde vernahm, »daß er bald ein Papst
werde, daß er über funfzig Jahre in seiner Würde bleiben

und zuletzt die goldene Zeit zurückführen werde«, dann
fühlte sich sein stolzes Herz gehoben, es schwoll die eitle
Brust und den kühnsten Phantasieen sich hingebend, mochte
er in solchen Augenblicken wohl ausrufen, daß kein Herzog,
kein Graf, kein weltlicher Machthaber mit Ausnahme des
Kaisers je über ihn gebieten solle, »wahrhaft gut und edel
seien auf dieser Welt nur er und der Kaiser und, obgleich
er nicht den Namen des Apostelfürsten Petrus führe, so sei
er doch selbst vollkommner als jener, denn er habe seinen
Herrn noch nie verleugnet!«

Wie aber das stolzeste Herz sich dann besonders glücklich fühlt, wenn ihm Gelegenheit zur Herablassung geboten
wird, so war auch Adalbert liebevoll und leutselig gegen
Pilgrimme und Arme, vertraulich und mittheilend gegen
seine Diener. »Oft wusch er dreißig Armen vor dem
»Schlafengehen die Füße und kniete dabei vor ihnen nie-
»der.« Daher auch seine fürstliche Freigebigkeit gegen
Wittwen und Waisen und gegen die, welche sich ihm nütz-
lich erwiesen. Dabei aber jähzornig und grausam gegen
diejenigen, welche ihm nicht ganz zu Gefallen lebten: seinen
Probst schlug er einmal in der Heftigkeit bis aufs Blut.
Schmeichler hingegen fanden wohl nie ein willigeres Ohr
als das seine. Nicht minder gerne ließ er sich durch Wahrsager seine Träume deuten. Auch mit seinem Arzte stand er
in regem Verkehr und gewährte ihm stets freien Zutritt.

Wirft man nun auf den äußeren Lebensgang dieses
Mannes einen Blick, so stößt man auch hier auf das wun-
derbarste Gewebe von kleinlichen Ränken und großartigen

Entwürfen, die er alle mit der ihm eigenen Gewandtheit und Festigkeit durchzuführen strebte. Die feindselige Stellung, in der er sich von Anfang an zu den mächtigen Billungern befand, nahm sogleich seine ganze Umsicht in Anspruch. »Wie ein Kundschafter«, pflegte Herzog Bernhard zu sagen, »ist der Adalbert nach Sachsen gekommen, »um dem Kaiser die schwachen Stellen des Landes zu ver- »rathen; doch so lange ein Billunger lebt, soll der Erz- »bischof keinen frohen Tag haben!« Und in der That sorglose Ruhe und Muße wurden demselben nicht mehr in Uebermaß beschieden. Denn um sich die Gunst und Hülfe des Kaisers, die ihm für seine Pläne nach Außen wie zum Schutz gegen die Herzöge nach Innen nöthig war, zu er- halten, sehen wir den Erzbischof jetzt häufiger in den Pfal- zen als in Bremen. Seine rastlose Thätigkeit, sein weiter politischer Blick machen ihn bald dem Kaiser unentbehrlich. Auf allen Heerfahrten nach Italien, Flandern, Ungarn ist er stets in seiner unmittelbaren Nähe. In Rom, selbst nahe daran Papst zu werden, betreibt er die Wahl Cle- mens II. und sichert sich dadurch seine hohe Freundschaft. Die wichtigsten Angelegenheiten des deutschen Reichs liegen in seinen Händen. Diese einflußreiche Stellung versteht der kluge Mann trefflich für seine persönlichen Zwecke zu benutzen und auszubeuten: Wo es gilt, seine Macht auf Kosten der Billunger zu heben, da weiß Adalbert gleich Rath. Ihm schwebt überall nur die bremer Kirche vor und dabei in fernem, nebelhaften Hintergrunde das stolze Patriarchat des Nordens, die zwölf Bisthümer, welche seine sächsischen, friesischen und slavischen Lande vereinigen sollen und die weite Herrschaft über die skandinavischen Gläubigen von den Ufern der Eider bis nach Amerika, woraus dann unvermeidlich eine Art zweiten Papstthums hervorgehen mußte.

Das alles verlor er keinen Augenblick aus dem Gesichte. Gleich nachdem er sein Amt angetreten hatte, erließ er an die Bischöfe und Geistlichen so wie an die Könige und Fürsten der nordischen Reiche, zugleich mit den bringendsten Ermahnungen, unerschrocken das Missionswerk zu betreiben, Botschaften und Hirtenbriefe, um sich ihrer dauernden Freundschaft zu versichern. Zahlreicher als zuvor durchziehen nun seine Kirchendiener jene Gegenden, um zu predigen und zu bekehren. Bald gedachte er, selbst ihnen dorthin zu folgen. Denn selbst einmal den höchsten Norden Skandinaviens zu bereisen, wie es einst sein großer Vorgänger Ansgar gethan, selbst auf dem fernen Island und den Orkaden die treuen Gemeinden zu besuchen und ihnen das göttliche Wort zu verkünden, der Gedanke wirkte berauschend auf sein eitles Herz; nur das Bemerken des Königs von Dännemark, daß er hierzu der Sprachen wohl nicht mächtig genug wäre, vermochte ihn von diesem Vorhaben abzubringen. Aber bald trafen bei ihm am glänzenden Hoflager zu Bremen Boten von Island, Grönland und den Orkaden ein, um sich Lehrer und Geistliche zu erbitten. Frankreichs König Heinrich I. und der mächtige Kaiser von Byzanz beschickten das Erzstift an der Weser, um Adalbert ihre Hochachtung und Verehrung kund

zu geben und von Dännemark, Schweden und den Wenden=
landen erschienen die Gesandten, um ihm die Huldigungen
ihrer Fürsten darzubringen. Das nordische Patriarchat
schien den besten Fortgang zu haben. »Unser kleines Bre=
men«, schreibt Adalberts treuer Canonicus und kundiger
Chronist Adam, »war damals bei den Bewohnern des
»Nordens berühmt wie Rom.« Schon war der Erzbischof
als Legat und Vicar für alle jene nordischen Reiche vom
päpstlichen Stuhle anerkannt, als plötzlich im Herbste des
Jahres 1056 sein eifrigster Beschützer der Kaiser Hein=
rich III. starb. Augenblicklich änderte sich auch das Ver=
hältniß der während der ganzen Zeit seiner Macht aufs
tiefste von ihm verletzten Billunger zu dem nun verlassenen
Erzbischof. Ihr lange zurückgehaltener Haß brach jetzt in
offne Feindschaft gegen seine Kirchenlande aus und unter
den ärgerlichsten politischen Händeln und Fehden vergingen
sechs Jahre, die Adalbert im Inneren seiner Diöcese gar
viel zu schaffen machten, seine Thätigkeit nach Außen aber
zeitweise lähmten.

Da entführen um Pfingsten des Jahres 1062, nach
einem festlichen Gelage auf der Insel des heiligen Suibert
bei Neuß am Rhein, der arglistige Erzbischof Anno von
Cöln und Siegfried von Mainz den zwölfjährigen Knaben
Heinrich IV. aus den Armen seiner unglücklichen, aufs
schnödeste verleumdeten Mutter Agnes, um sich der alleini=
gen Regentschaft zu bemächtigen, vornehmlich aber um die
Macht des stolzen Bischofs Heinrich von Augsburg, der
sich wohl in zu hohe Gunst bei der Kaiserin eingeschlichen

hatte, zu brechen. Die Keckheit, mit welcher diese That ausgeführt wurde, sicherte anfangs dem Anno das Gelingen derselben. Bald jedoch erhoben sich von allen Seiten die härtesten Schmähungen gegen ihn und besonders gegen seinen verhaßten Helfershelfer. Wollte er daher nicht den ganzen Erfolg seines Unternehmens fahren lassen, so mußte er sich einen Mann zugesellen, der fähig wäre mit ihm den Staat zu regieren und ihm so sein völlig gesunkenes Ansehen in den Augen der Nation wieder zu gewinnen. Sein Blick fiel auf den Erzbischof von Bremen. Dieser ergriff augenblicklich das Anerbieten und heller als zuvor erglänzte nun wieder der lange Zeit verdunkelte Stern Adalberts.

Jenen Anno bei dem unschuldigen Fürstenkinde auszustechen, ward seiner Alles gewinnenden Liebenswürdigkeit ein Leichtes und mit der Hinneigung des Knaben zu seinem neuen Rathgeber wuchs auch schnell das Ansehen und der Einfluß desselben. Bald zählte Adalbert wieder zu den Mächtigsten im deutschen Reiche und mit frischem Muthe und ganzer Kraft konnte er sich von Neuem seinem Lieblingsplane zuwenden.

Hoch im Norden in Helsingaland am botnischen Meerbusen gründete er jetzt einen Bischofssitz, um von hier aus dem Christenthume die Bahnen in die eisigen Landschaften der Lappen- und Finnenwelt bis zum Nordcap zu öffnen und mit glücklichem Erfolge durchzog bald sein treuer Mönch Symeon predigend und bekehrend die unheimlichen Waldungen und die schauerlichen Thalgründe jener

Felsengebirge, wohin die Berichterstatter Adams die Finnen und Scritefinnen, »die schnellfüßiger als das Wild sind« verlegten, während die Volkssagen und Skalden der Vorzeit diese Gegenden mit den grausen Kämpfen Thors gegen den alten Fornjoter und seine Jotunen und Riesen und Bergwölfe und Söhne der Felsen belebten. Ein anderes Bisthum wird weiter südlich an den Ufern des Mälarsees in Birca gegründet, vornehmlich wohl in der Absicht, um von hier aus Curland, Estland und die »andern Inseln« des baltischen Meeres, deren Bewohner noch immer im »kläglichsten Irrwahn und Aberglauben« befangen waren, der Herrschaft der bremer Kirche zu unterwerfen. Daß nämlich Curland und Estland damals für Inseln galten und unser bremer Canonicus sogar mit der naivsten Bestimmtheit den Umkreis der ersteren auf acht Tagereisen angiebt, müssen wir schon den verworrenen geographischen Vorstellungen jener Zeit zu Gute halten, die ja auch noch von Amazonen, Menschenfressern, Völkern mit Hundsköpfen und anderen Wundergestalten am östlichen Gestade des baltischen Meeres fabelte, während doch die dahinterliegenden Gegenden des russischen Reiches schon so bekannt waren, daß die gleichzeitigen abendländischen Berichterstatter staunend von der Pracht und Menge der Kirchen Kiews, der »Nebenbuhlerin Constantinopels« reden und ebenderselbe Adam von Bremen bereits in Erfahrung gebracht hat, daß die Kauffahrer, welche vom Ausflusse der Oder nach dem reichen Novgorod hin handeln, vierzehn Tage in See zu bleiben pflegen.

Wohl hätte es gerade eines genialen, durchgreifenden Verstandes wie Abalberts bedurft, um in diese Finsterniß endlich das Licht der Religion und Gesittung zu bringen. Aber während der kühne Mann noch mit unverdrossenem Eifer an der Ausführung seiner riesenmäßigen Pläne arbeitete, war es bereits seinen zahlreichen Feinden und Reidern gelungen, von Neuem seinen Entwürfen hindernd in den Weg zu treten und ihn abermals von der schwindelnden Höhe seines Glücks in die lähmendste Unthätigkeit hinabzustürzen.

Denn die leichtfertigen Grundsätze, die er bei der Erziehung des jungen Kaisers befolgte, mochten wohl geeignet sein, sein Verhältniß zu diesem immer vertraulicher zu gestalten und seiner Regentschaft ein Uebermaß von Macht und Sicherheit zu verleihen, seinen durch ihn gedemüthigten Gegnern gaben sie aber die gefährlichsten Waffen zur Hand, den anmaßenden Erzbischof in den Augen des Volkes herabzusetzen und auf alle Weise zu verleumden. Dazu kam seine nicht zu stillende Habsucht und Geldgier, der er mit einer Schamlosigkeit fröhnte, daß endlich im Jahre 1066 die deutschen Fürsten auf seine Entfernung vom Hofe drangen und es durch einen Gewaltstreich durchzusetzen wußten, daß die Regentschaft wieder dem Anno von Cöln anvertraut wurde.

Und nun schlugen auch, wie von einem plötzlichen Sturmwinde aufgewühlt, alle Wellen des Unglücks, alle Fluthen des Hasses und der leidenschaftlichsten Rache über den so eben noch hochgefeierten, jetzt aufs tiefste gede-

müthigten Greis zusammen. Bis vor die Thore seines
friedlichen Bremen zogen verwüstend und zerstörend die
feindlichen Schaaren der Billunger. Aus den Wendenlanden drängten sich die Trauerbotschaften: in der Stadt
Lenzen hatten die wieder für das Heidenthum fanatisirten
Obotriten Adalberts Freund, den Fürsten Gotschalk ermordet,
den Presbyter Ippo auf dem Altare geschlachtet; in Ratzeburg wurde der Mönch Ansver zu Tode gesteinigt, in
Rethra der Bischof Johannes enthauptet. Ein großer
Theil seiner reichen Kirchenlande ging verloren. Alle bis
dahin ergiebigen Geldquellen versiegten und mit der Ar-
muth, die sich in sein äußeres Leben und seine Umgebung
allmählich einschlich, senkte sich in das Innerste seines Herzens jene verzweiflungsvolle Unzufriedenheit, die es wohl
noch dann und wann zu leidenschaftlichen Ausbrüchen von
Hoffnungen und phantastischen Plänen kommen läßt, aber
jedes ruhige Ueberlegen und Abwägen der Verhältnisse
unmöglich macht.

»Der Erzbischof, schreibt Adam, war durch Schaam,
»Zorn und Traurigkeit so außer sich, daß man ihn für
»verrückt hätte halten können und betrug sich so, daß we-
»der er selbst noch andere wußten, was er wollte und was
»er nicht wollte.« Mochte es dem aufflackernden Lebens-
muthe auch noch zuweilen gelingen, ihn dem dumpfen
Brüten zu entreißen und neue, kühne Entwürfe in ihm
anzuregen, schon der nächste Augenblick mußte ihn von der
Unmöglichkeit ihrer Ausführung überzeugen.

Noch einmal erging dann an ihn, wie ein Lichtblick

aus den sich immer mehr verdüsternden Wolken, im Jahre 1069 die Berufung an den kaiserlichen Hof. Der jetzt zwanzigjährige Heinrich IV. hatte plötzlich den ihm wiederwärtigen Anno entlassen; er sehnte sich nach dem Genossen seiner Jugend, nach Adalbert zurück, von dem er wähnte, daß er allein es treu und ehrlich mit ihm meine. Der sollte ihm jetzt wieder wie früher als Rathgeber zur Seite stehen. Mit frischen Hoffnungen folgte Adalbert dem Rufe, und wirklich gelang es ihm binnen Kurzem einen neuen Schimmer von Macht um sich zu verbreiten. Aber die alte Kraft war geknickt und die Last der Jahre und Leiden drückte den von Natur starken Körper. Ein unglücklicher Sturz vom Pferde hatte die bedenklichsten Folgen. Gleichwohl wollte er sich den Geschäften nicht entziehen. In einer Sänfte getragen, folgte er dem Kaiser auf seinen Rundreisen vom Rhein zur Donau und von dort nach Goslar zurück. Hier verschlimmerte sich in den ersten Tagen des Monat März sein Zustand so plötzlich, daß er das Bett hüten mußte. Noch vertraute er auf die Heilkunst seiner Aerzte: die verschriebenen Tränke nahm er in Uebermaß; durch häufigen Aderlaß wollte er die Krankheit bändigen. Aber er unterlag. In aller Stille entschlief er am 17ten März des Jahres 1072 um die Mittagsstunde, als sich so eben sein Gefolge an die schwelgerische Tafel begeben hatte. In der bremer Domkirche wurde er später beigesetzt. Eine Welt von Hoffnungen ging mit ihm zu Grabe.

Dreizehn Monate waren seit Adalberts Tode verstrichen,

als Hildebrand, der Sohn des Zimmermanns aus Saona unter dem Namen Gregors VII. den päpstlichen Stuhl bestieg. Zwei Jahre darauf erläßt er in Gemeinschaft mit seiner Kirchenversammlung von Rom die gewichtigen Beschlüsse, wonach in Zukunft die hohen wie niederen geistlichen Würden vom Papste allein vergeben werden sollen, ein jeder weltlicher Machthaber aber, der sich ein gleiches Recht anmaßen würde, der Gnade des heiligen Petrus für verlustig erklärt wird. Noch sind nicht zwei Jahre weiter verflossen, und wir sehen den jungen ritterlichen Kaiser Heinrich IV., »das erste Haupt der Christenheit«, den Sohn eben jenes Heinrich III., der sich erst drei Decennien früher vom Papste Clemens und dem gesammten römischen Volke die Mitwirkung bei einer jeden Papstwahl hatte eidlich zusichern lassen, bei eisiger Winterkälte, barfuß, im leichten wollenen Büßergewande, auf dem Burghofe zu Canossa den Entschließungen Gregors entgegenharren, durch welche er des Bannfluches entbunden zu werden hoffte, der ihn wegen Widersetzlichkeit gegen den heiligen Vater getroffen hatte.

Die abendländische Christenheit war an einem jener Wendepunkte angelangt, wo, unter den gewaltigsten Zuckungen und Erschütterungen, eine seit Langem vorbereitete Aenderung ihrer Geschicke zum Durchbruch kommen sollte und wo ihr durch das in die allgemeine Weltordnung tief eingreifende Machtgebot einer großartigen Persönlichkeit neue Bahnen der Entwickelung auf Jahrhunderte hin vorgezeichnet wurden. Die Abhängigkeit, in welcher bis dahin der päpstliche Stuhl vom deutschen Kaiserthum gestanden hatte, wurde wie mit einem Schlage gehoben und die Kirche auf jenen Höhenpunkt gestellt, von wo aus sie nicht nur der immer weiter um sich greifenden Verweltlichung und Entsittlichung ihrer Diener Einhalt zu thun, sondern zugleich den Gedanken einer geistlichen Universalmonarchie zu voller Geltung zu bringen strebte.

Die Durchführung solcher Ideen konnte weder auf die politischen noch kirchlichen Verhältnisse im Abendlande ohne Rückwirkung bleiben. Denn indem sich von nun an alle Macht mehr und mehr in den Händen des geistlichen Oberhauptes zu Rom vereinigte, wurde nicht nur das Ansehen aller weltlichen Fürsten geschwächt, sondern auch der Einfluß, welchen von früheren Zeiten her die Erzbischöfe und Bischöfe erlangt und welcher sich an manchen Orten in bedenklichster Weise entwickelt hatte, plötzlich unterdrückt.

Vor Allem aber erlitt das bremer Erzbisthnm durch diese Wendung der Dinge in seinen äußeren und inneren Angelegenheiten bald einen allgemeinen Umschwung. Hier kam es darauf an, durch Theilung der so übermäßig angewachsenen Kirchenlande die Begründung eines unabhängigen Patriarchats, wie Adalbert es im Sinne gehabt hatte, für alle Zukunft unmöglich zu machen und gar bald gelang es dem päpstlichen Stuhle durch richtige Benutzung der Umstände den skandinavischen Norden einem jeden Einflusse der bremer Kirchenfürsten zu entrücken und dort durch die Errichtung selbstständiger Erzbisthümer die alten Beziehungen zu der deutschen Metropole allmählich aufzuheben.

Schon im Jahre 1082 sucht nach dem Tode des isländischen Bischofs Schaloff sein Amtsnachfolger Gysser nicht mehr in Bremen sonbern beim heiligen Vater selbst die bischöfliche Weihe nach, die ihm dann auf Befehl des Papstes durch den Erzbischof von Mainz ertheilt wird. Sechszehn Jahre später begiebt sich der König Erich von Dännemark, der seit Langem mit dem bremer Stuhle verfeinbet war, nach Rom und erhält vom Papste aufs Bereitwilligste das Versprechen, daß die kirchliche Abhängigkeit seiner Lande vom Erzbischof von Bremen aufhören und an einem angemessenen Orte im Reiche ein eigener Sitz errichtet werden solle. Bereits im Jahre 1104 sendet dann der Papst Paschalis seinen Legaten Alberich nach Dännemark, der Lund in Schonen zum Sitze des dänischen Erzstiftes auswählt und den Bischof Adcer mit dem Pallium bekleidet. Fünfzig Jahre darauf wird durch den Carbinal Nicolaus ein neuer erzbischöflicher Stuhl für das norwegische Reich in Nibaros, dem heutigen Drontheim gegründet, dem die Gemeinden auf Island, Grönland, Man, auf den faröischen Inseln und den Orkaben untergeordnet werden und im Jahre 1163 erhält endlich auch Schweden seinen selbstständigen Erzbischof zu Upsala.

So war Bremen gegen die Mitte des zwölften Jahrhunderts nach langem hartnäckigem Wiberstreben alles Einflusses im skandinavischen Norden beraubt und nur noch auf seine deutschen Kirchenlande beschränkt.

Da langen im Jahre 1158 bremische Schiffer bei ihrer Rückkehr aus den nordischen Gewässern im Hafen der

Vaterstadt mit der Botschaft an, daß am östlichen baltischen Küstenstriche beim Ausfluß der Düna ein neues Land »auf= gefahren« sei. Das heidnische Livland war entdeckt und der bremer Kirche wiederum ein weites Feld zur Thätig= keit und Machtentwickelung geöffnet.

II.

Nicht mit Unrecht hat man die Ostsee häufig das mittel-
ländische Meer des Nordens genannt. Denn wie dieses
für die Entwickelung der Südwelt Europas von den ältesten Zeiten bis auf unsere Tage von hoher Bedeutung gewesen ist, so hat das baltische Meer von jeher auf den
Culturgang des europäischen Nordens den entschiedensten
Einfluß ausgeübt; und wie dort im Süden, so ist auch
hier ein Binnenmeer mit seinen tief eingreifenden Buchten
und Armen, seinen zahlreichen Eilanden und Inselgruppen,
seinen ihm von allen Seiten zueilenden Strömen und schiff-
baren Küstenflüssen das vermittelnde Glied gewesen für die
Verbreitung von Religion, Gesittung, Handel, Kunst und
edlerer Bildung; es hat die verschiedenartigsten, durch Abstammung, Sprache und Sitte gesonderten Völkerschaften,
welche sich an seinen Gestaden niedergelassen, im Laufe der
Jahrhunderte einander genähert, um dann auch von den
Küstengegenden aus auf die Geschicke der angrenzenden
Binnenländer einen noch heute fortdauernden Einfluß aus-
zuüben.

Bei weitem später als das Mittelmeer ist freilich die Ostsee zu dieser hohen Bedeutung gelangt. Nur darf man den Grad derselben nicht nach den Vorstellungen ermessen wollen, welche der Südländer so lange Jahrhunderte hindurch mit jenen nordischen Himmelsstrichen verbunden hat. Denn wie schon in denselben Tagen, da Karthagos Handelsflotten das ganze Mittelmeer beherrschten, die Kaufleute in Massilia höhnisch die Berichte belächelten, welche ihnen ihr vielversuchter Landsmann Pytheas von seinen Reisen jenseits der Säulen des Herkules heimgebracht, so trug man sich auch noch fast bis ins Zeitalter Karls des Großen hinein, als schon längst der Schwerpunkt der geschichtlichen Welt weit nach Norden verrückt war, mit den unbestimmtesten, phantastischen Ansichten über dieses »unbewegte von Schilf starrende Meer« und seine Küstenländer.

Und doch waren damals bereits über den baltischen Norden die gewaltigsten Völkerstürme hingebraust und hatten hier neben den Wanderungen und Heerfahrten gothischer, sächsischer, burgundischer und wendischer Stämme, den Kampf der indogermanischen Race gegen das Finnenthum hervorgerufen, durch dessen endgültige Entscheidung die Slaven und Germanen berufen wurden, den Entwickelungsgang des gesammten europäischen Nordens und Nordostens für alle Zeit zu leiten und zu bestimmen.

In unvordenklichen Zeiten hatte einst das Finnenvolk, ein mächtiger Stamm, reich an poetischem Gefühl und sinniger Anschauung der Natur, geübt und erfahren in technischen Arbeiten, vor Allem im Bergbau und in der

Schmiedekunst, kampfmuthig zu Lande wie zur See, wenn
nicht durch abergläubisches Zauberwesen verdummt und in
Trägheit und Schwäche versunken, seine heimathlichen Höhen des Ural verlassen und war in die weiten, damals
noch herrenlosen Ebenen des östlichen Europa eingezogen.
Hier mochte es sich geraume Zeit ungestört ausgebreitet
haben, auch wohl schon frühe nach Skandinavien übergesetzt sein und sich der Küsten der Ostsee bemächtigt haben.
Da drängten von Süden herankommend slavische und germanische Stämme gegen die Finnen an und zwangen sie
durch Ungestüm und Uebermacht zum Weichen. Fortan
zog sich die finnische Volksmasse immer weiter nach dem
äußersten Norden zurück und in die verlassenen Sitze derselben rückten im Osten die Slaven ein, während Skandinavien den Germanen anheimfiel. Das geschah zu einer
Zeit, von der nur Mythe und Sage zu reden weiß.

Aber nicht alle Glieder dieses Volksstammes hatten sich
durch den mächtigen Strom jener Bewegung aus ihrer
Heimath in den unwirthbaren Norden verdrängen lassen,
und zu einer Zeit, wo schon aus dem Zwielichte der Götter-
und Heldensage der erste Schein geschichtlicher Klarheit
hervorbricht, finden wir noch vereinzelte finnische Volksstämme im Bereiche ihrer ursprünglichen südlichen Niederlassungen.

Da saßen, fern von dem eigentlichen Schauplatze der
Wanderungen, in den östlichen Küstenlandschaften des baltischen Meeres, welche heute unter dem Namen der deutsch-
russischen Ostseeprovinzen bekannt sind, eine Menge der

3

verſchiedenartigſten Völkerſchaften, welche durch die Wellen
der allgemeinen Bewegung in größeren und kleineren Zwi=
ſchenräumen dort abgelagert ſein mochten und welche ihrer
Abſtammung nach theils dem ſlaviſch = germaniſchen Völker=
geſchlechte, zum Theil aber noch eben jenen nach Norden
zurückgedrängten Finnen angehörten.

Mit den Bewohnern dieſer baltiſchen Gegenden waren
die germaniſchen Völkerſchaften des Südens und Weſtens
ſchon frühe in mannigfache Berührung getreten, ohne jedoch
zu einer genaueren Bekanntſchaft derſelben zu gelangen.
Während einer langen Reihe von Jahrhunderten begnügte
man ſich daher im Abendlande, die Geſammtbevölkerung
dieſer öſtlichen Küſtenſtriche mit der allgemeinen Benennung
der Aeſtier oder Eiſtir, das will ſagen, »im Oſten Woh=
nende« zu bezeichnen, und wie ſchon der Römerwelt im
Zeitalter Alexanders des Macedoniers durch den obenge=
nannten Pytheas, dann aber in den erſten Tagen des
Kaiſerreiches wiederholt durch Tacitus und andere Geo=
graphen dieſer unbeſtimmte Name der Aeſtier zugekommen
war, ſo wußte auch noch im ſechſten Jahrhunderte unſerer
Zeitrechnung Jordanes, der Biſchof von Croton, ſo ſehr
er ſich mit einem Wuſte von Gelehrſamkeit brüſtete, über
die »große Nation der Aeſtier« nichts weiter zu berichten,
als daß ſie nebſt anderen Völkerſchaften die weiten Küſten
des germaniſchen Oceans bewohne, ein friedliches Volk
und zur Zeit des Oſtgothenreiches vom Könige Erman=
narich unterjocht geweſen ſei.

Erſt ſpät, als bereits der geſammte Norden in kirch=

licher wie in politischer Hinsicht ein größeres Interesse für das Abendland bekommen hatte und durch die erweiterten Handelsbeziehungen immer enger mit demselben verbunden war, würdigte man auch diesen baltischen Küstenwinkel, wohin die Fluthen aller europäischen Bewegungen bis dahin fast spurlos abgelaufen waren, einer genaueren Beachtung. Bald tauchen nun aus dem dortigen bunten Völkergemisch die bestimmteren Namen der Curen, Liven, Letten und Litthauer hervor und aus dem bisher vagen Begriffe der Aestier entwickelt sich jetzt endlich als bestimmter Name eines mächtigen finnischen Volksstammes der Name der Esten.

Denn diese Esten, welche bereits die verschiedensten Wendungen der Geschicke erlitten haben, von da, wo sie als gesondertes, selbstständiges Volk in der Geschichte auf= treten, bis jetzt, wo ihr Stamm nur noch in den schwachen Ueberresten weniger Hunderttausende fortbesteht, und welche von der Höhe einer lebenskräftigen, bildungsfähigen Na= tion zu der niedrigsten Stufe der Knechtschaft herabgesun= ken sind, gehören ihrer Abstammung und Sprache nach aufs unzweideutigste dem großen finnischen Völkergeschlechte an, mit dem sie auch durch Religion, Sage und gemein= schaftliche Erinnerungen an eine frühere, große Vergan= genheit innig verbunden sind. Dieselben Wohnsitze, in wel= chen wir sie heute finden, nördlich begrenzt durch den fin= nischen Meerbusen, westlich durch die Ostsee, und östlich durch den Peipussee und die Narowa scheinen sie von jeher, wenn auch mit größerer Ausdehnung nach Süden einge=

nommen zu haben. Innerhalb dieser Grenzen tönen uns wenigstens noch heutigen Tages die Namen finnischer Zunge von Flüssen, Städten und Bezirken, an die sich die ältesten sagenhaften wie historischen Erinnerungen dieses Volkes knüpfen, überall vernehmlich entgegen, und wie noch jetzt der Este in stolzer Verachtung des ihm von Fremden aufgedrungenen Namens sich den Eingewanderten gegenüber Maa mees, das will sagen »Mann des Landes«, sein Land aber Meie ma »unser Land« nennt, so finden wir auch schon in der frühesten Zeit, so weit uns sichere historische Nachrichten leiten, seine Vorfahren als die alleinigen und unumschränkten Herren in diesen Landschaften.

Hier lebte von jeher das Volk der Esten in zahlreiche, freie Gemeinwesen (Kilegunden) getheilt, die sich selbst regierten und sich nur den Befehlen selbstgewählter Richter und Heerführer aus den Aeltesten des Stammes, den sogenannten Wannem, unterordneten. Alljährlich einmal pflegte sich die ganze Nation bei Rugele in Harrien an der nordwestlichen Küste des Landes zu versammeln, um hier gemeinschaftlich über innere und äußere Angelegenheiten zu berathen. Brach ein Krieg mit den Grenznachbaren aus, so verließen die bedrohten Gemeinden eiligst mit der werthvollsten Habe die offenen Dorfschaften, um sich auf die verschanzten größeren Waffenplätze ihres Bezirks zurückzuziehen, welche zumeist auf Anhöhen oder im Dunkel sumpfiger Waldgegenden angelegt, durch Gräben, Brustwehre von Pfahlwerk oder Erd- und Steinwälle befestigt waren und den ersten Angriffen Trotz zu bieten vermochten. Als Waffen bedienten sie sich der Keulen, Lanzen, Schleudern und kurzer Messer. Die Leichen der im Kampfe gefallenen Genossen wurden verbrannt, ihre Asche in zierlich gearbeiteten Urnen unter hohen Todtenhügeln beigesetzt. Wie aber zu Lande so hatte sich der Este auch schon früh zur See im Waffenhandwerk geübt; zu wiederholten Malen wurden die Küsten Skandinaviens von ihren Raubschiffen heimgesucht und der Brand der mächtigen alten Schwedenstadt Sigtuna am Mälarsee blieb für lange Jahrhunderte den nordischen Völkern ein furchtbares Zeichen estnischer Kühnheit und Grausamkeit.

Trotz dieser äußeren Fehden und Kämpfe waren aber die Esten doch kein eigentliches Kriegervolk. Das erkennen wir besonders in dem Charakter ihrer Sagen, in denen sich keine nach Außen gerichtete Thätigkeit, sondern eine behagliche Gemüthlichkeit und ein harmloser Friede abspiegeln, während sich die Poesie der ihnen verwandten Finnen schon frühe zum Heldengedichte emporschwang und in einfacher aber mächtiger Form die alten Völkerkämpfe zu verherrlichen strebte. Freilich ist uns, neben einer großen Menge lyrischer Poesien späterer Zeiten, aus der estnischen Sagenwelt der früheren Jahrhunderte bis jetzt leider nur ein winziger Theil bekannt geworden, da erst die jüngste Vergangenheit denselben einige Achtung geschenkt hat; und wohl mag noch heute, wenn sich am langen nordischen Winterabende die zahlreiche Familie in der räucherigen Hütte um den Heerd versammelt, von Greisen und Matronen beim eintönigen Schalle der Kantelet gar manche

schöne Sage über die Großthaten der alten Götter und
Heroen den andächtig lauschenden Söhnen und Enkeln vor-
getragen werden, die denen da draußen verborgen bleibt.
Denn auch dem Esten wurde einst von Wannemunne, dem
nordischen Orpheus, nachdem er mit seinem Gesange die
Berge, Wälder, Menschen und Thiere bezaubert hatte, die
Kantelet geschenkt und ihm zugleich die Gabe des Gesanges
verliehen. Aber vor dem Fremden verstummt das Lied des
Esten. Mißtrauen und Verachtung haben sich tief in die
Herzen des unterdrückten Volkes eingeschlichen und nur da,
wo er sich allein und unbelauscht unter den Seinen weiß,
wagt er jene ihm lieben Erinnerungen an die Vergangenheit aufzufrischen.

Aus dem einst wahrscheinlich überreichen Schatze älterer
Poesien der Esten, der mit dem allmählichen Hinschwinden
des Volkes ganz unterzugehen droht, ist es daher nur
wenigen aufmerksamen Forschern gelungen, einzelne Bruch-
stücke zu erhaschen. Aber schon das Wenige genügt, um
uns tief in das sinnige Gemüthsleben des Volkes einzuführen.

Die Schaubühne dieser Sagen ist im Nordosten des
Estenlandes, in der alten Provinz Ungannien. Dort an
den Ufern des Emmajöggi, des Embach, »des Mutter-
baches«, wo sich heute die Stadt Dorpat erhebt, war das
Paradies jener Kinder des Nordens. Hier sang Wannemunne von der Größe des Himmels, der Pracht der Erde,
dem Glücke und Unglücke des Menschengeschlechtes. Hier
stand der große Kessel, in welchem für die verschiedenen

Völker ihre Sprachen zubereitet wurden. Hier läßt eine
der lieblichsten Sagen auf das Gebot Wanna issas, des
Altwaters, das Flußbette des Emmajöggi durch die vereinte
Kraft der Thiere des Nordens entstehen.

»Schon war die Erdscheibe geschaffen, der blaue Himmel mit den funkelnden Sternen und der strahlenden Sonne
darüber gespannt. Auf der Erde wuchsen und gediehen
Pflanzen und die Thiere freuten sich ihres Lebens. Aber
die Thiere kamen nicht den Geboten des Altwaters nach,
fingen an einander zu verfolgen und anzufeinden. Da
versammelte er sie und sprach zu ihnen: Ich habe Euch
geschaffen, damit jegliches sich seines Lebens freue, und
Ihr fanget an, Euch einander anzufeinden und eins das
andere sogar zu fressen. Ich sehe wohl, ich muß Euch
einen König geben, der Euch beherrsche und im Zaume
halte. Zu seinem Empfange müßt Ihr ihm einen Bach
graben, damit er sich an seinen Ufern ergehe. Den Bach
aber grabt hübsch tief und breit, damit die kleineren Bäche
alle in ihm Platz finden mögen und Mutterbach wird er
heißen. Aber die Erde werft nicht hier und dorthin, sondern häuft sie zu einem Berge auf, und auf ihm will ich
einen schönen Wald wachsen lassen und hier soll Euer König
wohnen. Auch Schluchten und Thäler laßt dazwischen, damit er Schutz gegen Wind und Wetter und Sonne daselbst
habe. Ich sehe Euch hier zahlreich versammelt; ein Jeder
kennt seine Kräfte, drum frisch zur Arbeit. Darauf verließ er die Versammlung und Alles ging sogleich ans Werk.
Hahn und Fuchs maßen den Lauf ab: der Hahn sprang

voran, der Fuchs lief ihm nach und sein schleppender Schwanz bezeichnete die Richtung des werdenden Emmajöggi. Der Maulwurf zog die erste Furche, der Dachs arbeitete in der Tiefe, der Wolf scharrte, der Bär trug und die Schwalbe und die übrigen Vögel alle waren thätig. — Als das Flußbette nun fertig war, kam der Alte, den Bau zu übersehen. Er war mit Allem zufrieden. Er lobte jeden Arbeiter: Maulwurf und Bär! Ihr scheint am fleißigsten gearbeitet zu haben, so daß Ihr über und über schmutzig geworden seid; gut dieses Schmutzkleid verbleibe Euch als Ehrenkleid zum Andenken. Du, Wolf, hast mit Schnauze und Füßen brav gearbeitet, Du sollst auch schwarze Füße und Schnauze behalten. Aber wo ist der Krebs? er ist doch sonst rührig und hat viele Hände, hat er geschlafen? Der Krebs war so eben aus dem Schlamm hervorgekrochen und ärgerte sich, daß der Alte ihn übersah. Unmuthig rief er: Alter wo sind Deine Augen, daß Du mich nicht sahst? Du hast sie wohl hinten? Du Naseweiß, war die Antwort, nun sollst von nun an Du Deine Augen hinten haben. Als der Alte diese Strafe vollzogen, sieht er einen Stutzer, der von Ast zu Ast fliegt, sein schönes Kleid in der Sonne erglänzen läßt und sorglos sein Lied pfeift. Stutzer! ruft er ihm zu, hast Du sonst nichts zu thun als Dich zu zieren? Alter, erwiederte Jener, die Arbeit ist schmutzig, ich kann meinen goldgelben Rock nicht preisgeben und meine silberfarbigen Hosen nicht schwarz machen; was würdest Du selbst dazu sagen? Du Kleidernarr, ruft der Alte mürrisch, so sollst Du von nun an

schwarze Hosen haben und sollst zur Strafe nie Deinen
Durst aus dem Bache löschen, sondern die Tropfen von
den Blättern trinken und sollst Dein Lied nur pfeifen,
wenn die anderen Geschöpfe sich verkriechen und vor dem
herannahenden Wetter schaudern. Das Flußbette war nun
fertig geworden. Der Alte goß aus seiner goldenen Schale
das Wasser hinein, belebte es mit seinem Hauche und be=
stimmte die Strömung seines Laufes. Das war die Entstehung
des Emmajöggi und dies trug sich bei seinem Baue zu.«

Die aus der Tiefe hervorgeholte Erde war aber nach
einer anderen nicht minder anziehenden Sage zu einem
Berge, dem heutigen Domberge bei Dorpat, angehäuft,
auf dem ein heiliger Hain stand. Und hier war es dann,
wo Wannemunne die Menschen und Thiere zusammenbe=
rief, um sie die Festsprache, den Gesang, zu lehren. »Und
es entstand ein herzergreifendes Rauschen in den Lüften
und Wannemunne ließ sich herab und legte sein lockiges
Haar zurecht und schüttelte seine Gewänder und strich
seinen Bart und reinigte seine Stimme und versuchte sein
Saitenspiel. Dann spielte er ein Vorspiel und sang end=
lich das Lied, das alle Zuhörer ergriff, ihn selbst aber am
Meisten. Stille herrschte in der Versammlung und Alles
lauschte andächtig dem Sange. Der Embach hemmte seinen
Lauf, der Wind vergaß seine Hast, der Wald, die Thiere
und Vögel horchten aufmerksam zu und auch das neckende
Waldecho guckte zwischen den Bäumen hervor. Aber nicht
alle, die zugegen waren, begriffen das Ganze. Die Bäume
des Haines merkten sich nur das Rauschen, welches beim

Niedersteigen des Gottes entstand; und wenn Ihr im Walde
lustwandelt und Ihr dieses feierliche Rauschen hört, so wißt,
daß die Gottheit Euch nahe ist. Der Embach merkte sich
das Rauschen seines Gewandes und so oft er im Frühling
sich seiner neuen Jugend freut, braust er, wie er das Brau-
sen dort gehört. Der Wind hatte sich die grellsten Töne
gemerkt. Einigen Thieren hatte das Knarren der Wirbel
gefallen, anderen das Klimpern in den Saiten. Die Sing-
vögel merkten sich das Vorspiel, besonders Nachtigall und
Lerche. Die Fische waren am unglücklichsten dran: sie
steckten die Köpfe bis zu den Augen aus dem Wasser hervor, ließen aber die Ohren drin; sie sahen die Bewegungen
des Mundes und ahmten diese nach, blieben aber stumm.
Nur der Mensch faßte Alles, daher sein Gesang bis in die
Tiefen des Herzens und hinauf zum Wohnsitze der Götter
bringt. Und der Alte sang von der Größe des Himmels
und von der Pracht der Erde und vom Schmucke der Em-
bachufer und ihrer einstigen Verzauberung und vom Glück
und Unglück des Menschengeschlechtes. Und von seinem
Gesange wurde er so ergriffen, daß er heiße Thränen ver-
goß, die durch seine sechs Röcke und sieben Hemden drangen.
Und nun flog er zu Altvaters Wohnungen, um ihm zu singen und zu spielen. Und geweihten Ohren ist es vergönnt,
bisweilen von fernen Höhen herab die Töne zu vernehmen.
Damit die Menschen aber den Gesang nicht vergessen, schickt
er noch jetzt von Zeit zu Zeit seine Boten zur Erde. Auch
wird er selbst einmal wiederkommen, wenn das Auge des
Glückes wieder auf diesen Fluren weilen wird.«

Als ein letzer Ansatz zur epischen Poesie schimmern dann freilich aus den Trümmern der estnischen Sagenwelt die Heerfahrten und Kämpfe des Riesen Kallewe poeg hervor, der verwüstend den ganzen Norden durchzog, mit gewaltigen Felsstücken nach Titanenart seine Feinde niederschmetterte, an zahlreichen Steinblöcken aller Orten die Spuren seiner riesigen Füße und Hände bis auf den heutigen Tag zurückgelassen hat und der endlich, als an dem Bache beim Peipussee die Schärfe seines eigenen untreuen Schwertes ihn seiner ungeheuren Beine beraubte und er den tödtlichen Wunden unterlegen, vom Altvater zum Aufseher der Hölle auserkoren wurde.

Aber rasch wendet sich dann die Sage wieder den lieblichen Betrachtungen der Natur, wie der lieber- und blumenreichen Wonnezeit der kürzesten Nächte zu, wo Abendroth und Morgenroth sich einander die Hand reichen und wo der Bewohner des Nordens die schönste Entschädigung für die Oede und Rauheit der langen Wintermonate findet.

»Kennst Du die Leuchte in Altvaters Hallen? So eben ist sie zur Ruhe gegangen und da, wo sie erlischt, glänzt noch der Wiederschein am Himmel. Schon zieht sich der Lichtstreif hinüber nach Osten, wo sie sogleich in voller Pracht wieder die ganze Schöpfung begrüßen soll. Kennst Du die Hand, welche die Sonne empfängt und zur Ruhe bringt, wenn sie ihren Lauf vollendet hat? Kennst Du die Hand, welche die erloschene wieder anfacht und ihren neuen Lauf am Himmel beginnen läßt? Altvater hatte zwei treue Diener aus dem Geschlecht, dem ewige Jugend verliehen

war; und als die Leuchte am ersten Abend ihren Lauf
vollbracht hatte, sagte er zur Aemmarik: Deiner Sorgfalt,
mein Töchterchen, vertraue ich die sinkende Sonne an.
Lösche sie aus und verbirg das Feuer, damit kein Schade
geschieht. Und als am anderen Morgen die Sonne wieder ihren neuen Lauf beginnen sollte, sagte Altvater zum
Koit: Dein Amt, mein Söhnchen, sei, die Leuchte anzu-
zünden und zum neuen Lauf vorzubereiten. Treulich übten
beide ihre Pflichten und keinen Tag fehlte die Leuchte am
Himmelsbogen. Und wenn sie im Winter am Rande des
Himmels hingeht, erlischt sie früher am Abend und beginnt
später am Morgen ihren Lauf. Und wenn sie im Frühling die Blumen und den Gesang erweckt, und im Sommer mit ihren heißen Strahlen die Früchte zur Reife bringt,
so ist ihr nur eine kurze Ruhezeit vergönnt und Aemmarik
übergiebt die erlöschende unmittelbar der Hand des Koit,
der sie sogleich wieder zum neuen Leben anfacht.

Jene schöne Zeit war nun gekommen, wo die Blumen
erblühen und duften; und Vögel und Menschen erfüllten
mit ihren Liedern den Raum unter Ilmarinens Zelt. Da
sahen beide sich zu tief in die braunen Augen und als die
verlöschende Sonne aus ihrer Hand in die seinige ging,
wurden die Hände auch gegenseitig gedrückt und beider
Lippen berührten sich.

Aber ein Auge, das nimmer sich schließt, hatte bemerkt,
was zur Zeit der stillen Mitternacht im Verborgenen vor-
gegangen war und anderen Tages rief der Alte beide vor
sich und sagte: ich bin zufrieden mit der Verwaltung Eures

Amtes und wünsche, daß Ihr ganz glücklich werden möget. So habet denn einander und verwaltet Euer Amt hinfort als Mann und Weib.

Und beide entgegneten aus einem Munde: Alter störe unsere Freude nicht. Laß uns ewig Braut und Bräutigam bleiben, denn im bräutlichen Stande, wo die Liebe immer jung und neu ist, haben wir unser Glück gefunden.

Und der Alte gewährte ihre Bitte und segnete ihren Entschluß. Nur einmal im Jahre, auf vier Wochen, kommen beide zur Mitternachtszeit zusammen. Und wenn Aemmarik die erlöschende Sonne in die Hand des Geliebten legt, folgt ein Händedruck und Kuß. Und die Wange Aemmariks erröthet und spiegelt sich rosenroth am Himmel ab bis Koit die Leuchte wieder anzündet und der gelbe Schein am Himmel die neu aufgehende Sonne ankündigt. Zur Feier der Zusammenkunft schmückt aber der Alte noch immer die Fluren mit den schönsten Blumen und so oft dann Aemmarik zu lange am Busen Koits verweilt, rufen scherzend die Nachtigallen ihr zu: laisk tübruk, laisk tübruk! öpik! säumiges Mädchen, säumiges Mädchen! die Nacht wird zu lang!«

Wenn wir uns bei dieser Betrachtung des Volkslebens der alten Esten, ihrer Sinnesweise, Poesie und staatlichen Einrichtungen nur zu sehr von der Unmöglichkeit überzeugt halten mußten, ein vollkommnes Bild jener längst geschwundenen Zustände geben zu können, so tritt uns der Mangel an gründlichen Nachrichten über die anderen finnischen Stämme, welche neben den Esten die baltischen Küstenlande bewohnten, noch bei weitem fühlbarer entgegen. Ueber die alten Curen und Liven fehlt uns fast jede Kunde, die uns mit den Stammeseigenthümlichkeiten derselben auch nur in Etwas vertrauter machen könnte. Kaum, daß uns wenige dürftige Namen ihrer Bezirke und Ortschaften überkommen sind, die uns berechtigen, ihre Sprachen als Zweige der estnischen zu betrachten, und welche uns zugleich einen Beweis für die einst umfangreichen Grenzen ihrer Gebietstheile liefern. Denn daß vor Allem die Curen, die heute fast spurlos verschwunden sind, einst in mächtiger Ausdehnung den bei weitem größten Theil des heutigen Curlands bewohnten, möchte sich schon aus der frühen und häufigen Erwähnung abnehmen lassen, welcher dieses Volkes in den mittelalterigen Schriftstellern des Abendlandes geschieht. Wir wollen hier nicht der Caris des Jordanes gedenken, deren etwaige Identität mit den Curen wir anderen zur Untersuchung überlassen. Aber deutlich erscheinen sie in der Lebensgeschichte des heiligen Ansgar unter dem Namen der Chori, worauf sich noch zwei Jahrhunderte später Adam von Bremen bei seiner abenteuerlichen Beschreibung der vermeintlichen »Insel Churland« bezieht.

Der Liven aber gedenkt keiner jener mittelalterigen Chronisten und zu einer Zeit, da schon sichere und häufige Kunde von dem Dasein dieser »Liv« in die stillen Räume des kiewschen Höllenklosters gedrungen war, wo gegen das Ende des eilften Jahrhunderts der Mönch Nestor die Thaten seines Russenvolkes aufzeichnete, war der Name der Liven in der abendländischen Culturwelt noch völlig unbekannt. Erst später mit dem Beginn des dreizehnten Jahrhunderts, als deutsches Leben bereits an den Gestaden der Ostsee tiefe Wurzeln geschlagen hatte, kam der Name des Küstenvolkes der Liven, mit denen ein merkwürdiger Zufall die Vorläufer der deutschen Einwanderer gerade zuerst in Berührung gebracht hatte, plötzlich auch im Westen zu hoher Geltung. Bald wurde nun für lange Jahrhunderte allen jenen baltischen Landen der Gesammtname Livland gegeben, den dann die neuere Zeit, trotz des fast gänzlichen Verschwindens der ursprünglichen Liven für die zwischen Estland und Curland liegenden Landstriche beibehalten hat.

Dürfen wir nun aus den Berichten späterer Zeiten einige Rückschlüsse auf die früheren Zustände der Liven machen, so war ihr Land wie das der Esten in verschiedene Distrikte (Kilegunden) getheilt, denen die Stammältesten vorstanden. Erbliche Könige kommen bei ihnen nirgends vor. Auch die Art der Waffen und der ganzen Kriegsführung scheint bei beiden Völkern gleich gewesen zu sein; denn wie in Estland finden sich auch im alten Livenlande noch heute in Wäldern, Sümpfen und an Flußufern die Ueberreste ihrer einst umfangreichen, stark verschanzten Waffenplätze. Die Wohnsitze der Liven zogen sich von dem nordöstlichen Winkel, welchen der rigische Meerbusen bei Pernau bildet, in bogenförmiger Richtung rund um diese Meeresbucht herum bis zum Vorgebirge Domesnäs, der äußersten Spitze Curlands und erstreckten sich von der See ab zumeist gegen acht Meilen, im Dünastromgebiete aber wohl gegen zwanzig Meilen landeinwärts, während jene in Curland ansässigen Liven nur den äußersten Küstenrand bewohnt zu haben scheinen. Ihren Namen mögen die Liven der besonderen Bodenbeschaffenheit ihrer Wohnsitze verdanken, denn »liv« bedeutet im Estnischen »Sand« und es ist mehr als wahrscheinlich, daß die Esten die am sandigen Meeresstrande ansässigen Stammesgenossen und Nachbaren zuerst mit dem Namen der »Sandbewohner« bezeichnet haben.

Zwischen diese finnischen Völkerschaften, welche den Norden, Westen und Süden der baltischen Lande bewohnten, hatte sich aber bereits in unvordenklichen Zeiten von Südosten herabziehend ein anderes zahlreiches Volk wie ein Keil eingedrängt, das, als ein nordwestlicher Ausläufer des großen slavisch-litthauischen Stammes sich hier unter dem Namen der Letten und Lettgallen niedergelassen hatte. Die Form des von ihnen eingenommenen Landstriches, wie er sich uns auf der Karte darstellen würde, mag etwa mit der eines spitzwinkligen Dreiecks verglichen werden, dessen Spitze nach Nordwesten gerichtet ist, so daß sich ihre Sitze südöstlich in das Dunkel der litthauischen Waldungen und Sümpfe verlieren mußten. Abgeschieden von der belebenden Nähe des Meeres, wohin ihnen Liven und Esten den Weg versperrten, häufig angefeindet von diesen mächtigen, stolz auf sie herabblickenden Volksstämmen, aber selbst zu sanft und zu friedliebend, um sich auf längere Kämpfe mit ihnen einzulassen, lebten hier die Letten viele Jahrhunderte hindurch dem Abendlande fremd und suchten unter der milden

Herrschaft ihrer Stammesältesten, fern von dem lauten Treiben der Welt, in der Stille ihrer heiligen Haine und in der Verehrung ihrer Götter die reinste Erhebung und Befriedigung.

Als ein den Letten nahe verwandter Stamm erscheinen uns die Semgallen am linken Dünaufer.

Und in dieses bunte Gemisch der verschiedenartigsten Volksstämme, wie es sich etwa gegen Ende des zwölften Jahrhunderts in jenen baltischen Landen gestaltet haben mochte, waren damals bereits durch einen fortgesetzten An= drang des Ostens und Westens noch zahlreiche andere Ele= mente hineingesprengt, die, ohne die Hauptgrundlage der dortigen Urbevölkerung wesentlich zu verändern, auf die allgemeine Entwickelung derselben nicht ohne Einfluß blei= ben konnten.

Von Skandinavien aus waren viele Jahrhunderte hin= durch abenteuernde Krieger und Handelsleute über das Eystrasalt, das baltische Meer, gesetzt, um dann auf dem bekannten Austurwege entweder über den Ladoga= und Il= mensee oder die Düna hinauf an den Dnieper und so nach Mikligard, dem Byzanz der nordischen Sage zu gelangen. Oft blieben wohl kleinere Haufen derselben im Eistlande zurück, erhoben Tribut und gründeten dort vorübergehend Niederlassungen, bis neuer Kriegsmuth sie weiter nach Süden oder Sehnsucht nach Ruhe sie in die Heimath zurücktrieb.

Schon früher hatten sich die Schwärme der Gothen bei ihren Wanderungen vom Norden an die Gestade des schwarzen Meeres über diese baltischen Gegenden ergossen.

4

König Ermannarich dehnte seine Herrschaft bis hierhin aus und vielleicht in Erinnerung an diese einstige Verbindung mit dem mächtigen Gothenstamme sandten noch im fünften Jahrhunderte die Aestier kostbare Bernsteingeschenke nach Rom, von wo Theodorich ihnen durch die heimkehrenden Gesandten in den huldvollsten Ausdrücken seinen Dank sagen ließ. Nach dem Lande der Estir läßt dann die nordische Sage den König Svegder ziehen, als er ausgeht, um den alten Odin aufzusuchen. Eben hier wird König Yngwar von den Eingeborenen geschlagen und am Meeresstrande errichten ihm seine Kampfgenossen den Grabhügel, »auf »daß die Wogen der Ostsee ihren Meeresgesang singen »mögen dem Schwedenkönige zur Lust.«

Nicht minder häufig unternahmen Dännemarks kampf- und eroberungslustige Fürsten Züge nach jenen baltischen Küstenlandschaften. Schon im Jahre 853 hörte der heilige Ansgar während seines Aufenthaltes in Schweden von einer Kriegsfahrt der Dänen nach dem Lande der räuberischen Curen, welche aber zum Nachtheil der Ersteren ausfiel. Erfolgreicher waren diese Unternehmungen im eilften Jahrhunderte und in denselben Tagen der glanzvollsten Erhebung des alten dänischen Königshauses, da die siegreichen Flotten Knubs des Mächtigen in die Themse einliefen und das stolze London der Angelsachsen zur Uebergabe zwangen, wandte sich der weite, staatskluge Blick dieses Fürsten auch gen Osten den baltischen Gewässern zu: bei den Jahren 1015 und kurz vor 1028 reden die dänischen Annalen von seinen Zügen und Eroberungen in Estland.

Um die Mitte eben deſſelben Jahrhunderts errichtete dann der fromme Eifer eines däniſchen Handelsmannes im heidniſchen Curland die erſte chriſtliche Kirche, ein Er- eigniß, das in jenen Zeiten religiöſer Begeiſterung eine ſolche Bedeutung erhielt, daß es durch ein heiliges Lied verherrlicht wurde, welches der König Sven von Dänne- mark, »in ſeinem Gott vergnügt«, dem andächtigen bremer Canonicus Adam nicht verfehlte, mit höchſt eigenem Munde vorzuſingen.

Das Hauptaugenmerk der däniſchen Politik war jedoch ſchon damals wie auch ſpäterhin vor Allem auf die Er- werbung von Harrien, dem nordweſtlichen Theile jener Oſtlande am Eingange zum finniſchen Meerbuſen gerichtet. Denn dort gründete noch vor dem Ende des eilften Jahr- hunderts ihr frommer König Eric eine Abtei der Eiſter- cienſermönche. Eben dort an der hohen Meeresküſte, wo im dreizehnten Jahrhunderte der däniſche Waldemar die Stadt Reval erbaute, hören wir ſchon lange vorher von einer alten Feſte reden, die von den Eingeborenen Lindaniſſa, d. i. Dänenſtadt genannt wurde. Dorthin unternahmen ſie zu wiederholten Malen während des zwölften Jahr- hunderts ſiegreiche Kriegszüge und erwarben endlich ſogar ihrem Königshauſe den prunkenden Titel der »Herzöge von Eſtland.«

Während aber alle dieſe Unternehmungen, welche von Schweden und dann beſonders von Dännemark aus ge- macht wurden, ſchon wegen der großen Entfernung nur zu Niederlaſſungen von kurzer Dauer und vorübergehender

Bedeutung führten, drang langsamen aber sicheren Schrittes
bereits seit dem Ende des neunten Jahrhunderts, da so
eben Ruriks Heldenarm den Grund zum russischen Staate
gelegt hatte, diese junge östliche Slavenmacht mit der ihr
eigenthümlichen Zähigkeit und lauernden Begehrlichkeit gegen die Gestade des baltischen Meeres heran und wußte
bald neben ihrer entschieden nach Constantinopel und den
Donaulanden vorwaltenden Richtung, sich auch hier in den
Ostseeländern einen Einfluß anzubahnen, der dann freilich
eine Weile wieder zurückgedrängt, endlich nach den wech-
selvollsten Wendungen der Geschicke durch die neueren Jahrhunderte zur vollen Geltung gebracht werden sollte. Schon
unter Oleg, dem Nachfolger Ruriks ziehen die Kriegs-
haufen der Esten mit Normannen und Slaven vereint gegen Kiew und Byzanz. Nach Estland sendet der Großfürst Wladimir den Waräger Sigurd Eirikson, um die
»Königsschatzung« zu erheben. Im Jahre 1030 gründet
dann der Großfürst Jaroslaw die erste russische Zwingburg
im östlichen Estlande: an den Ufern des Embach erhebt
sich das feste Juriew, das heutige Dorpat, und schon gegen die Mitte desselben Jahrhunderts zählen neben den
Esten auch Litthauer, Curen, Lettgallier und Liven zu den
tributpflichtigen Völkern des russischen Gewaltreiches.

Durch die Zersplitterung dieser Macht, die bald nach
Jaroslaws Tode eintrat und eine Menge kleinerer Fürsten-
thümer schuf, welche nur noch scheinbar durch den Großfürsten von Kiew zusammengehalten wurden, erfuhr die
Lage der baltischen Lande keine wesentlichen Veränderun-

gen. War der Arm des kiewschen Großfürsten auch nicht
mehr kräftig genug, um hier Tribut einzutreiben und Mann=
schaften zu seinen Kriegen auszuheben, so wußten dafür
jetzt die an den westlichen Marken des russischen Reiches
sich mächtig erhebenden Gemeinwesen zu Novgorod, Pleskow
und Polozk das Jenem Gebührende für sich in Anspruch zu
nehmen. Von nun an richtete Novgorod seinen Blick be=
sonders auf die Erwerbung Estlands und während die Heere
jener stolzen Republik mit wechselndem Glücke das ganze
zwölfte Jahrhundert hindurch immer neue Eroberungszüge
gegen Dorpat und die nördlichen Landschaften der Esten
unternahmen, dehnten die Fürsten von Polozk von der
oberen Düna her, dem Laufe des Stromes folgend, ihre
Herrschaft unaufhaltsam nach Nordwesten aus. Das zwölfte
Jahrhundert schon kennt die meisten Liven= und Letten=
stämme als Unterthanen dieser Dynastenfamilie. Die Düna
hinab bis etwa zwanzig Meilen oberhalb ihrer Mündung
ins Meer waren bereits die russisch=slavischen Völker vor=
geschoben und gegen das Ende desselben Jahrhunderts finden
wir eben dort in den festen Kastellen zu Gerzike und Ku=
kenois· die Fürsten Wsewolod und Wseslaw als mächtige
Vasallen des gefürchteten Wladimir von Polozk.

Aber schon hatte um eben diese Zeit an dem unteren
Laufe des Flusses deutsche Frömmigkeit sich eine heilige
Stätte bereitet, und ehe noch das Jahrhundert vollendet
ist, zieht im Vereine mit der christlichen Religion deutsches
Wesen, deutsches Recht und deutsche Sitte, getragen von
Rittern, Mönchen und Kaufleuten in diese Gegenden ein,

um unter Liven, Letten und Esten eine Bildung zu verbreiten, die ihnen der slavische Osten nicht darzubieten im
Stande war.

Die baltischen Lande traten in ein neues Stadium ihrer
Entwickelung.

III.

Fast um dieselbe Zeit, da Saladins Heldenthaten den ganzen Orient mit Staunen und Bewunderung erfüllten und auf die Kunde von seinen Schlachten und Siegen und Eroberungen das europäische Abendland sich schon von Neuem zu einer bewaffneten Wallfahrt nach dem Grabe des Erlösers vorbereitete, gründete am einsamen nordischen Dünaufer der Augustinerpriester Meinhard aus dem Kloster zu Segeberg in Holstein, ein schlichter Greis mit gottesfürchtigem Sinne und »würdigem grauen Haare«, der sich in Begleitung des Cistercienfermönches Diedrich einigen nach Livland fahrenden Handelsleuten angeschlossen hatte, eine christliche Schule und Kirche in der Hoffnung, durch sein Wort dem Evangelium . bei den dortigen Landesbewohnern Eingang zu verschaffen.

Seit der ersten »Aussegelung« jener nordischen Gegend mochten bereits nahe an dreißig Jahre verflossen sein. Lübecker und bremer Kaufleute waren seitdem schon manchesmal die Düna hinaufgefahren, hatten auch wohl gute Bekanntschaft mit den Liven geschlossen, um dort Wachs,

Pelze und andere Landesprodukte einzuhandeln, und wußten
gewöhnlich bei ihrer Heimkehr die herrlichen Waldungen,
Wiesen und Aecker und die fischreichen Flüsse des neuent=
deckten Nordlandes nicht genug zu preisen. Durch solche
Erzählungen war die Aufmerksamkeit der bremer Kirche
rege gemacht worden und bald hatten Glaubensdrang und
Bekehrungseifer jenen Meinhard bewogen, zu öfteren Malen
die Reise dorthin zu unternehmen, um sich mit den Lan=
desverhältnissen und der Sprache der Liven vertraut zu
machen. Dann wandte er sich an den Fürsten von Po=
lozk mit der Bitte, ihm Erlaubniß zum Predigen unter
jenen Völkern zu ertheilen. Der lag damals gerade —
es war um das Jahr 1186 — in heftiger Fehde mit sei=
nem östlichen Nachbaren, dem Fürsten von Smolensk, küm=
merte sich überdies auch, wie die meisten Anhänger der
griechischen Kirche, gar wenig um die Glaubensangelegen=
heiten seiner heidnischen Unterthanen, wenn diese ihm nur
richtig ihren Tribut zahlten, gab also ohne Weiteres seine
Einwilligung und sandte sogar dem hocherfreuten Geist=
lichen, der wohl arm und unbemittelt war, ihm aber Theil=
nahme eingeflößt hatte, ansehnliche Geschenke. Nun kaufte
Meinhard am rechten Dünaufer, etwa sechs Meilen ober=
halb ihrer Mündung ein Stück Land, gründete dort auf
dem hohen, schroffen Felsen eine Kirche nebst Schule, welche
die Liven »Ykeskola« hießen, begann dann zu predigen
und wirkte bald so kräftig durch sein Wort, daß sich viel
Volkes taufen ließ.

Da schreckte plötzlich wilder Kriegslärm die kleine christ=

liche Gemeinde auf. Mit Beginn des Winters, als Sumpf und Morast zugefroren, waren die ungestümen Reiterschaaren der Litthauer ins Livenland eingefallen, um zu rauben und zu plündern. Schleunigst flüchtete Meinhard mit den Seinen in die benachbarten Waldungen, bis der Feind abgezogen war. Aber die Litthauer konnten wiederkehren und Wälle und Gräben schützten Kirchlein und Schule nicht genugsam gegen einen plötzlichen Ueberfall. Im folgenden Sommer ließ Meinhard daher von der benachbarten Insel Gothland Handwerker und Steinmetze kommen, die ihm Wurfmaschinen errichten und bei der Kirche eine feste Burg aufführen mußten, wie sie die Liven bis dahin noch nie gesehen hatten. Und als nun die hohe Feste mit ihren Thürmen und Mauern und Zinnen so stolz und gefahrdrohend weit ins Land hineinschaute, eilten die Semgallen mit Stricken und Seilen die Düna hinunter, des Glaubens, Schloß und Kirche damit in den Fluß reißen zu können. Aber kaum waren sie in die Nähe desselben gelangt, als sie von den Burgmauern herab mit einem heftigen Steinregen empfangen und zur schleunigen Rückkehr gezwungen wurden. Ob dieses Vorfalls staunte die Bevölkerung der ganzen Umgegend. Bald kamen die unterhalb Ykeskola wohnenden Liven von Holm heraufgezogen, und versprachen sich taufen zu lassen, baten aber Meinhard, ihnen gleichfalls eine Burg zu bauen, was denn der Alte auch bereitwillig zugestand.

Der gute Fortgang, den das Bekehrungswerk hier zu haben schien, bewog darauf den Erzbischof von Bremen,

Meinhard zum Bischof von Ykeskola zu ernennen. Im Jahre 1188 wurde derselbe auch von Rom aus in dieser Würde bestätigt und zugleich das neue Bisthum unter die Obhut der bremer Kirche gestellt.

Aber schon die nächste Zeit lehrte Meinhard einsehen, wie trotz des glänzenden Anfangs seinem ganzen Unternehmen der innere Halt fehle. Eigennutz und Furcht hatten die Meisten der getauften Liven vermocht, ihren alten Glauben zu verlassen. Fanden sie es für gewinnreicher, sich demselben wieder zuzuwenden, so geschah dies ohne große Bedenken. Scharenweise liefen sie dann in die Düna, »um Christenthum und Taufe im Wasser wieder abzuspülen und beide nach Deutschland zurückzusenden«. Oft erlitt jetzt auch das Gefolge Meinhards grobe Mißhandlungen. Seinem Amtsgenossen Diedrich drohten die Esten mit dem Tode, weil sie ihn für einen Zauberer hielten und beim Eintritt einer Sonnenfinsterniß wähnten, er habe die Sonne verzehrt.

Mochte daher auch der Papst Clemens III. noch um das Jahr 1190 Meinhard sogar zum Bischof von ganz Livland erheben und sein Nachfolger Coelestin III. dann auf die Vorstellungen Diedrichs, der heimlich nach Rom geeilt war, um den heiligen Vater mit der bedenklichen Lage des neuen Bisthums bekannt zu machen, einen Aufruf zum Kreuzzuge gegen die nordischen Heiden erlassen, noch fehlte im Abendlande jedes warme Interesse für jene baltischen Lande und dem rastlos thätigen Greise kam Niemand zu Hülfe. Müde und altersschwach starb Meinhard endlich im Jahre 1196.

Als er das Nahen des Todes fühlte, versammelte er noch
einmal die Aeltesten der wenigen treugebliebenen Liven um
sein Lager und nahm ihnen das feierliche Gelöbniß ab,
muthig beim christlichen Glauben zu verharren. Einstim=
mig versprachen sie ihm, sich bereitwillig einem neuen
Bischof unterzuordnen.

Aber das Wort wurde schlecht gehalten. Denn als
nun im folgenden Jahre der Erzbischof von Bremen nach
vieler Mühe den Abt Berthold überredet hatte, sich der
verwaisten livischen Kirche anzunehmen und dieser bald
darauf in seinem ärmlichen Bischofssitze an der Düna an=
langte, wurde er hier von den Liven so ungastlich empfan=
gen, daß er eilends nach Bremen zurückkehrte und erst im
Jahre 1198, da zahlreiche Krieger aus Sachsen, West=
phalen und Friesland sich ihm angeschlossen hatten, wieder
nach Livland zu gehen wagte. Hier fand er jetzt Alles
zum Kampfe gegen die Christen gerüstet und gleich nach
seiner Ankunft entspann sich zwischen den Kreuzfahrern und
Heiden ein Treffen, in welchem die Ersteren freilich den
Sieg davon trugen, Berthold selbst aber, »der fromme
Held«, bei der Verfolgung der fliehenden Feinde, von die=
sen plötzlich gefangen und auf der Stelle niedergestochen
wurde.

Der Tod des Führers machte natürlich jeden weiteren
Erfolg dieser Unternehmung nutzlos. Wohl nahmen nun
die Liven aus Furcht vor der Rache der Deutschen eine
jede Friedensbedingung von ihnen an. Aber bald nachdem
die Werbefrist der Kreuzfahrer abgelaufen war, schiffte sich

das ganze Heer wieder nach Deutschland ein. Nur die Geistlichen und Kaufleute blieben zurück und binnen Kurzem fühlten sich die Liven wieder als Herren ihres Landes.

So werden uns die Anfänge der christlichen Kirche in Livland vom Priester Heinrich berichtet, einem geborenen Letten, der sich schon frühe den Deutschen und ihrer Lehre anschloß und dessen schlichte Erzählung uns noch während der folgenden neunundzwanzig Jahre, wo wir ihn häufig selbsthandelnd auftreten sehen, treulichst zur Seite bleiben soll.

In Bremen mochte die Botschaft von diesen Ereignissen einen trüben Eindruck hervorrufen. Indessen hatte dies zunächst die gute Folge, daß man sich jetzt ernsthafter als zuvor den Angelegenheiten der baltischen Niederlassung zuwandte. Man erkannte endlich, daß um einer so jungen, ferngelegenen Gründung ein rasches Gedeihen zu sichern, es nicht genüge, einen »ehrwürdigen tugendhaften Greis« oder irgend einen »durch Bescheidenheit, Leutseligkeit und Anmuth der Rede ausgezeichneten« Klosterbruder an die Spitze derselben zu stellen, sondern daß es hier eines Mannes bedürfe, der den geistlichen und weltlichen Führer, den Staatsmann und den Feldherrn in sich vereine, eines Mannes, dem neben der Weite des Blickes ein kühner Sinn gegeben sei, um Großes zu verstehen und Großes zu erfassen.

Und wie denn sowohl in kleinen als größeren staatlichen Verhältnissen, wenn bei bedeutungsvollen Krisen oder bei einem allgemeinen Umschwunge der Dinge zaghafte Hoffnungslosigkeit und mattherzige Gleichgültigkeit sich be-

reits Aller bemächtigt hatte, die äußerste Stunde der Entscheidung stets ihren Mann gefunden hat, der zu retten,
zu vereinen und Neues und Dauerhaftes zu gestalten ver-
stand, so bot sich auch hier jetzt unter den schwierigsten
Verhältnissen gar bald der Mann dar, der als der Retter
und segnende Schutzgeist jener Dünakirche berufen war,
seinen gewaltigen Arm gebietend gen Norden zu erheben und
die mächtigen Spuren seines neuschaffenden Genius den baltischen Landen auf lange Jahrhunderte hin tief einzudrücken.

Albert von Burhövden stammte aus einer der vornehmsten und einflußreichsten Familien des bremer Erzstiftes,
deren Sprößlinge durch umfangreichen Güterbesitz innerhalb
der Gränzen dieser Diöcese wie durch häufigen Dienst beim
erzbischöflichen Sitze sich schon seit geraumer Zeit als mächtige Stützen der Kirche erwiesen hatten. Nebst vier seiner
Brüder, Engelbert, Rothmar, Herrmann und Salomon
trat Albert frühe in den geistlichen Stand, während seine
beiden anderen Brüder Diedrich und Johannes sich dem
Kriegshandwerke widmeten, erprobt die Einen wie die Anderen in treuer Anhänglichkeit an die Kirche und bereit,
ihrem Dienste sich jeden Augenblick zu opfern. Um das
Jahr 1189 erscheint Alberts Name zum ersten Male unter
den Mitgliedern des vornehmen bremer Domcapitels. Dann
hören wir lange Zeit Nichts von ihm. Aber die Gelegenheit konnte nicht ausbleiben, die seinen hohen Tugenden
und Talenten die glänzendsten Bahnen der Entwickelung
erschließen sollte. Denn in ihm vor allen seinen Brüdern
lebte die ganze religiöse Gluth und Begeisterung der mittel-

alterigen Zeit, verbunden mit jener Thatkraft und Rast=
losigkeit, welche das ehelose Leben zumeist in starken Na=
turen auszuprägen pflegt. Daher sein Zeitgenosse und
Bewunderer, der lübecker Abt Arnold, von ihm bemerkt,
daß »er schon als Jüngling sich durch Reise und Festig=
keit ausgezeichnet und unter den höchsten Machthabern und
Fürsten aller Orten zahlreiche Freunde und Gönner sich
erworben habe«.

An diesen Mann wandte sich jetzt im Jahre 1198 der
Erzbischof von Bremen mit dem Antrage, die Leitung des
Bekehrungswerkes der Liven zu übernehmen. Das nach
dem kanonischen Rechte für die Bischofswürde bestimmte
dreißigste Lebensjahr muß Albert damals schon lange über=
schritten haben. Denn bereits zweiundzwanzig Jahre später
nennt sein Scholar und Begleiter Heinrich der Lette ihn
einen ehrwürdigen Greis. Er stand mithin wohl gerade
noch in der vollen Blüthe des Mannesalters und mit
ganzer Kraft konnte er jetzt in seinen neuen Wirkungskreis
eintreten.

Ein günstiges Geschick wollte, daß wenige Monate
bevor Albert in Bremen die bischöfliche Weihe erhielt,
Innocenz III. den päpstlichen Stuhl bestiegen hatte, jener
gewaltige Priesterfürst, dessen »glänzende Thaten bald die
Weltstadt wie die Welt erfüllen« sollten, und welcher zu=
gleich der von seinem großen Vorgänger Gregor VII. ge=
faßten Idee einer geistlichen Universalmonarchie neue Gel=
tung und neuen Nachdruck zu geben wußte. Ihm konnte
die hohe Bedeutung, welche sich für die päpstliche Macht=

erweiterung an den Erwerb der baltischen Lande knüpfte, nicht lange verborgen bleiben. Gar bald erkannte er die verzweiflungsvolle Lage jener verlassenen Christenschaar am Dünastrande, welche sich vor den Angriffen der heidnischen Liven in ihre Feste zu Ykeskola hatte flüchten müssen und am 5. October des Jahres 1199 erscholl sein mächtiggebieterisches Wort an alle Gläubigen in »Sachsen, Westphalen, im Slavenlande und jenseits der Elbe«, den bedrängten Brüdern im Norden zu Hülfe zu eilen.

Mittlerweile hatte auch Albert nicht gefeiert. Schon im Sommer des Jahres 1199 hatte er sich, um gleich zu seiner ersten Fahrt nach Livland ein schlagfertiges Heer bereit zu haben, nach der Insel Gothland begeben und hatte bei der dortigen unternehmenden, aus allen handeltreibenden Nationen des Nordens zusammengewürfelten Kaufmannschaft, die von jeder Erweiterung des livischen Bisthums den größten Gewinn für ihre Handelszwecke erwarten durfte, so günstige Aufnahme gefunden, daß er bald 500 nordische Streiter mit dem Zeichen des Kreuzes schmücken konnte. Von hier aus war er eilends nach Dännemark übergesetzt, wo König Knud und sein ritterlicher Bruder der Herzog Waldemar ihm reiche Geschenke spendeten, nicht minder aber der damals greise Erzbischof Absalon von Lund, der einst mit gleich mächtiger Hand über Dännemark den Bischofsstab wie über die wendischen Heiden das Schlachtschwert geschwungen hatte und der jetzt am Abende seines thatenreichen Lebens wohl nicht ohne die lebhafteste Theilnahme in dem kühnen deutschen Bischofe ein würdiges Ebenbild seiner Jugend begrüßen mochte. Dann kehrte Albert nach Deutschland zurück, um auch hier zu werben und die zahlreichen Kämpfer und Geistlichen zu ordnen, welche sich bereits auf das Gebot des Papstes zur nordischen Kreuzfahrt eingestellt hatten.

So waren im Frühlinge des Jahres 1200 die Vorbereitungen zu dem großen Zuge vollendet. Ein Geschwader von 23 Schiffen lag segelfertig, um den kriegerischen Bischof mit allen seinen Mannen nach Livland hinüber zu geleiten.

Die Einschiffung der nordischen Kreuzfahrer mit ihrem Gefolge von Geistlichen, Handwerkern und Kaufleuten nebst Pferden, Waffen und Geräthschaften geschah damals gewöhnlich in Lübeck, jener glücklichen von Jugendkraft und jugendlichem Uebermuthe erfüllten Stadt Heinrichs des Löwen, die gehoben von der Gunst des großen Welfen wie von der seines hohenstaufischen Gegners, gar bald von ihren Thaten zu Lande und zu Wasser wollte reden lassen. Die Trave hinunter ging es von dort nach Travemünde, dessen Hafen bereits ein festes Schloß schützte. Hier stach das Geschwader in See, um gewöhnlich erst bei Gothland wieder vor Anker zu gehen, wo frischer Mundvorrath oder neue Waffengenossen aufgenommen wurden und, wenn nicht widriges Wetter oder Stürme eintraten, konnte man von dort aus wohl in zwei Tagen die Mündung der Düna erreichen. Diesen Weg nahm vermuthlich auch Albert.

Der Bischof fand hier ein völlig feindliches Land vor sich. Bald nach dem Abzuge jenes deutschen Kreuzheeres,

welches durch Berthold nach Livland geführt worden war,
hatte der heidnische Glaube wieder aller Orten sein mächti-
ges Haupt erhoben und jede Erinnerung an das Christenthum gewaltsam ausgerottet. Durch Drohungen, Mißhandlungen und Verfolgungen waren die christlichen Geistlichen zum großen Theil gezwungen worden, heimlich nach
Deutschland zu entfliehen, so daß jetzt außer einigen Handelsleuten, die sich durch reiche Geschenke an die Stammesältesten frei zu kaufen gewußt hatten, nur noch eine kleine
Schaar von frommen Brüdern im Lande war, die hinter
den Mauern von Ykeskola Schutz gesucht hatten und hier
ihr von allen Seiten bedrohtes Leben kümmerlich fristeten.

Aber schon war der Retter nahe, der sie von aller Noth
befreien sollte. Als Albert bei der Mündung der Düna
angelangt, ging das Geschwader vor Anker. In inbrün-
stigem Gebete empfahl er dann sich und die Seinen dem
Schutze des Allmächtigen, ließ bei den Schiffen die nöthigen Wachmannschaften zurück und zog mit den übrigen
Streitern die Düna hinauf. Seine Gewänder und In-
signien, Krummstab und Tiare, so wie der steinerne bischöfliche Stuhl waren einstweilen noch auf den Schiffen zurück-
geblieben; ihn schmückte jetzt das Schwert und der Helm,
denn hier galt es vorerst noch zu kämpfen und zu siegen.
Oberhalb Holm stößt er bereits mit den Liven zusammen.
Sein Priester Nicolaus wird getödtet. Aber kühnen Schritts
bringt Albert weiter vor. Bald ist Ykeskola erreicht und
freudig öffnet ihm die christliche Dulderschaar die Thore.
Der Besetzung Ykeskolas folgt rasch die Einnahme des

5

festen Holm. Augenblicklich ziehen dorthin die Liven ihre Streitkräfte zusammen, um die Burg einzuschließen und womöglich auszuhungern. Aber in den Gruben unter der Erde entdecken Alberts Leute große Kornvorräthe, die wahrscheinlich vom Feinde selbst dort noch aufgespeichert waren und mittlerweile ist auch schon eine Schaar friesischer Kreuzfahrer von den Schiffen die Düna heraufgeeilt, um die Burg zu entsetzen. Demüthig bitten jetzt die Liven um Frieden. Von Neuem nimmt eine große Menge derselben die Taufe an. Dreißig ihrer vornehmsten Jünglinge werden auf Alberts Geheiß als Geißeln nach Deutschland geschickt.

So waren die Uferlande der unteren Düna nebst dem nördlich gelegenen Thoreida wieder in der Gewalt der Christen. Trotzig schauten jetzt Holm und Ykeskola auf die besiegten Feinde herab und hinter den Mauern beider Festen lagerten die neuangekommenen Kämpfer, wohlgerüstet und wachsam, um jeden Angriff mit Erfolg zurückweisen zu können.

Indessen war die Lage Alberts und seines Bisthums noch keineswegs ohne Gefahr und Bedenklichkeiten: die Mehrzahl der Kreuzritter hatte sich ihm nur auf Jahresfrist angeschlossen; war die Zeit um, so mußte voraussichtlich das Heer auf eine kleine Schaar zusammenschmelzen, die unmöglich im Stande sein konnte, die Niederlassung dauernd zu beschützen. Dabei glühte es noch ringsum in allen Landschaften und Dörfern der Liven von Haß und Rachegelüsten gegen die christlichen Sieger. Gar bald

konnten Curen oder Esten mit den Liven gemeinschaftliche
Sache machen und von der oberen Düna herunter drohte
ein Ueberfall des Fürsten von Polozk, der nicht mehr ohne
Eifersucht die schnellen Fortschritte der Deutschen betrachten
mochte.

Hier also galt es rasch zu handeln, um das Ge-
wonnene sicher zu stellen und zu erweitern. Und je
größer die Gefahr, desto schöpferischer zeigte sich Alberts
Genius.

An dem rechten Ufer der Düna, etwa zwei Meilen
oberhalb ihrer Mündung lag schon seit langen Jahren
eine Art Speicher, welcher den gothländischen Kaufleuten
als Niederlage für ihre Waaren dienen mochte. Einen
solchen Stapelplatz nennt noch heutigen Tages der Liv-
länder eine Rige und an eben diesem Platze, den der
practische Blick des Kaufmanns als den für eine Niederlassung günstigen bezeichnet hatte, beschloß Albert jetzt eine
Stadt zu gründen, die jenem Handel Schutz und Aufschwung verleihen, zugleich aber auch als neuer größerer
Waffenplatz einen sicheren Vereinigungspunkt für die junge
christliche Pflanzung bilden sollte. Schon im Jahre 1201
wird das Werk begonnen. Rasch erheben sich die Ringmauern und Häuserreihen des neuen Riga. Von nah'
und fern ziehen die Ansiedler herbei. Nicht nur, daß von
den eingeborenen Liven sich dort viele niederlassen, auch
aus Deutschland trifft bereits im Jahre 1202 des Bischofs Bruder, der Mönch Engelbert mit den »ersten Bürgern« in Riga ein. Dann verlegt Albert den bischöflichen

Sitz dorthin und zu Ehren der Mutter Gottes wölbt sich
der heilige Dom, von dessen Thurm die große »Kriegs-
glocke« ihre Warnungssignale weithin durchs Land ertönen
läßt, so oft ein feindlicher Ueberfall droht. Die inneren
Angelegenheiten des jungen Gemeinwesens aber leitet wie
in den deutschen Städten jener Zeit ein aus 12 Raths-
männern oder Consuln zusammengesetztes Collegium. So
belebt und erweitert sich die Stadt durch wachsenden Wohl-
stand und Verkehr. Bald erscheinen dort Fürsten und Gesandte vom benachbarten Rußland, um mit dem mächtigen
Bischof Friedens- und Freundschaftsbündnisse einzugehen,
während der gothländische Kaufherr hier einen neuen
ergiebigen Markt für seine Waaren findet. Schon im
Jahre 1211 befreit Albert diese Handelsleute des Westens
von jeglichem Zoll, Abgaben, Strandrechte und sichert ihnen
die freie Fahrt auf der Düna. Nun folgen immer neue
Zuzüge aus den kernigen Städten Norddeutschlands und
schon nach einem Menschenalter überlassen Rath und
Kaufleute von Riga den Lübeckern aus »aufrichtiger Liebe
und Anhänglichkeit« einen eigenen Kaufhof innerhalb der
Ringmauern ihrer Stadt, in deren Wappen die dankbaren
Bürger den Schlüssel Bremens aufgenommen hatten zur
steten Erinnerung an jene deutsche Metropole, durch deren Sorge »fast ganz Livland aus der Taufe gehoben
wurde.«

Hatten sich bei dieser Gründung vorzüglich Handels-
geist und religiöser Eifer einander die Hand gereicht, so
bedurfte nun auch das geistlich-kriegerische Element, dem

doch vor Allem die Vertheidigung und Erweiterung der
Kirche oblag, sicherer Leitung und festerer Einigung.

In denselben Tagen daher, als hier auf livisch-balti-
schem Boden die erste deutsche Stadt erwuchs, belehnte
Albert einige seiner treusten Ritter mit Theilen des eroberten Landes, um so allmählich einen festen Kriegerstand für
seine Niederlassung zu gewinnen und schon im folgenden
Jahre 1202 stiftete er nach dem Vorbilde des mächtigen
Tempelordens die »Brüderschaft des Ritterdienstes Christi«,
jenen mönchisch-kriegerischen Bund, dessen Großthaten wie
sein blutig gefärbtes Kreuzes- und Schwerteszeichen auf
weißem glänzendem Mantel ihm bald statt der ursprünglichen Bezeichnung im ganzen Norden den schreckengebieten-
den Namen der »Schwertbrüder« erwarben.

Und wenn von nun an Albert fast ein ums andere
Jahr etwa zwischen Ostern und Pfingsten, sobald sich die
Düna vom Wintereise löste, oder vor Beginn der rauhen
Herbstzeit hinüber nach Deutschland zog, um »in allen
Flecken, auf allen Straßen und in allen heiligen Stiftungen« das Kreuz zu predigen und für seine Kirche zu be-
geistern und zu werben, dann verließ willig der Ritter die
Stammesburg seiner Väter, es trieb den Mönch hinaus
aus der Einsamkeit der klösterlichen Zelle, den Handelsmann und Handwerker vom Frieden des heimathlichen
Heerdes. Und Alles schaarte sich begeisterungsvoll um
das Banner der heiligen Jungfrau, der Schutzgöttin der
livischen Kirche. Dann ward es lebendig in den Häfen
zu Lübeck, zu Gothland, zu Riga und auf den Wogen

des baltischen Meeres. Und sie zogen alle hinaus, jene Fürsten und Grafen und Edlen aus Sachsen, Westphalen und Friesland, die Meiendorfs, die Bannerow, die Burhövden, die Sehehusen, die Isenburg, die Stumpenhusen, die Plessen, die Lippe, die Tiesenhusen mit ihren Mannen und Reisigen und glänzenden Gefolgschaften. Und von den Hufen der Rosse und dem schweren Tritte der gepanzerten Ritter erdröhnten die baltischen Schneegefilde. Vor ihren Wurfmaschinen fielen die Waffenplätze und Verschanzungen der Liven. An den Ufern der Düna und in den Thalgründen der Goiwa thürmten sich rasch ihre Festen und Burgen. Unter der Art des fleißigen Ansiedlers lichteten sich die unduchbringlichen Waldungen, und die neu gebahnten Straßen belebte der Handelsmann mit seinen Waarenzügen. In den Gauen der Liven und in den heiligen Hainen der Letten aber erhoben sich die Capellen und Bethäuser der christlichen Mönche und Pilgrimme. Und in dem denkwürdigen Jahre 1206, so schreibt der Chronist Heinrich, war ganz Livland getauft und zwei Jahre später hatte auch schon die Mehrzahl der Letten sich der neuen Lehre zugewandt.

Wohl brachen nun noch manchesmal, wenn die Sümpfe und Moräste vom Eise starrten, die wilden Reiterschwärme der Litthauer nach alter gewohnter Weise aus ihren Waldungen hervor, um die Dörfer der Liven zu plündern und zu verwüsten. Ließ sich dann aber der gefürchtete Konrad von Meiendorf, »in prächtiger Rüstung, auf wohlgepanzertem Rosse«, mit seinen Rittern und Leuten sehen, so ergriff die Feinde schon »beim bloßen Anblicke der glänzenden deutschen Waffen« ein solcher Schrecken, daß sie schleunigst entflohen und erst im nächsten Winter wiederzukommen wagten.

Gefährlicher als diese Räuberschaaren war den Deutschen aber die Nachbarschaft der russischen Dünafürsten zu Polozk, Gerzike und Kukenois, denn hier war arge Hinterlist mit starker Waffenmacht im Bunde und so gleichgültig auch Wladimir von Polozk der ursprünglichen Niederlassung des Priesters Meinhard zugesehen hatte, so eifersüchtig folgten jetzt seine Blicke dem wachsenden Einflusse Alberts und der Ordensritter auf dem Dünagebiete, wo sonst nur ihm und seinen Vasallen von Letten und Liven Tribut und Unterthänigkeit gezollt waren. Schon zwei Jahre nach der Gründung Rigas hatte daher Wladimir einen siegreichen Zug gegen Ykeskola unternommen zu gleicher Zeit da Wsewolod von Gerzike mit litthauischen Hülfstruppen den Deutschen bis in die nächste Umgebung von Riga nachstellte. Dann schienen sich einen Augenblick diese Verhältnisse etwas friedlicher gestalten zu wollen, denn im Jahre 1205 traf plötzlich Wseslaw von Kukenois in eigener Person beim Bischof zu Riga ein, um mit ihm »auf ewige Zeiten« ein Friedensbündniß zu schließen und im folgenden Jahr sandte Albert seinerseits den alten Abt Diedrich, einen erfahrenen Unterhändler und genauen Kenner der baltischen Landesverhältnisse nach Polozk hinauf, um auch mit Wladimir freundschaftliche Beziehungen anzuknüpfen. Aber schon die nächste Zukunft lehrte, mit wel-

chen Leuten man sich hier eingelaffen habe. Kaum war
der Abt in Polozk angelangt und hatte sich seines hohen
Auftrages entledigt, als er auch bald die Ueberzeugung
gewann, daß er hier einen gar gefährlichen Boden betreten
habe. Man ließ ihn ohne Antwort und suchte auf alle
Weise die Unterhandlung hinzuhalten. Im Geheimen aber
erfuhr er durch einen hohen fürstlichen Beamten, dem Geld-
geschenke die Zunge gelöst hatten, daß mit ihm nur zum
Scheine unterhandelt würde, schon vor ihm seien Boten
der abtrünnigen Liven bei Hofe angelangt und mit diesen
sei man ein Bündniß gegen seinen Herrn und Bischof eingegangen, bereits hätten die kriegerischen Rüstungen aller
Orten im polozkischen Lande begonnen. Augenblicklich ließ
der Abt hiervon Albert in Kenntniß setzen. Ein ihm er-
gebener Live wurde in der Stille mit dem Schreiben nach
Riga abgefertigt. Noch frühzeitig genug aber hatte Wladimir von allen Schritten des Abtes Kenntniß erlangt und
schnell war auch eine neue List ersonnen, um dem fast
zerstörten Plane wieder aufzuhelfen. Hiernach sollte nicht
mehr in Polozk sondern im Livenlande selbst das feine Gewebe weiter ausgesponnen werden. Wladimir entließ daher jetzt den Abt. Zugleich entsandte er Boten in die verschiedenen Landschaften der Liven mit dem geheimen Auftrage,
alles Volk in die Waffen zu rufen und zu einem bestimmten Tage eine allgemeine Zusammenkunft derselben oberhalb
Ykeskola zu veranstalten. Dorthin sollte auch der rigische
Bischof eingeladen werden, unter dem Vorwande, daß
man die Verhältnisse zwischen ihm, dem Fürsten von Polozk

und den Liven ordnen wolle. Im Grunde aber beabsichtigte man wohl, sich so des verhaßten Oberhauptes der baltischen Christen zu bemächtigen und dann plötzlich mit den kampffertigen Liven über die führerlosen Deutschen herzufallen. Die Sache ließ sich anfangs auch ganz gut an. Zahlreich stellten sich bereits die Liven mit ihren Waffen ein. Nur den Bischof erwartete man noch. Aber vergebens. Albert erschien nicht. Kluge Vorsicht hatte ihn in Riga zurückgehalten und als der russische Gesandte ihm die verrätherische Einladung überbracht, hatte er diesen mit stolzen Worten angefahren: »in der ganzen Welt bestehe es als guter Brauch und Sitte, daß die Gesandten sich selbst zu demjenigen verfügten, an den sie von ihrem Herrn abgeschickt seien. Noch nie habe ein Fürst, und sei er noch so bemüthig und leutselig, es sich einfallen lassen, aus seiner Festung hinaus fremden Botschaftern entgegenzugehen. Sie möchten daher, wie es sich zieme, zu ihm nach Riga kommen, wo er für anständigen und ehrenvollen Empfang schon Sorge tragen wolle.«

In dem deutschen Bischof hatte sich also diesesmal die Russenschlauheit verrechnet und an der deutschen Tapferkeit sollte bald auch das ganze hinterlistige Unternehmen zu Grunde gehen. Denn die Kampflust der Liven war nun einmal aufgestachelt und das gezückte Schwert wollte gebraucht sein. Als daher die Verschworenen beisammen waren, zog plötzlich der ganze Haufe gegen das nahegelegene Holm, um mit einem kühnen Schlage die schwache dortige Besatzung aufzuheben. Aber noch frühzeitig genug

kam ein Hülfsheer von Riga heraufgezogen und da auch
die Russen sich noch nicht eingefunden hatten, so wurde die
Empörung bald gedämpft.

Wenige Wochen vielleicht waren verstrichen. Mit Wladimir hatte man sich nicht weiter in Unterhandlungen ein-
gelassen. Die Liven waren anscheinend beruhigt. Albert
hatte sorglos mit heimkehrenden Rittern und Pilgrimmen
die gewöhnliche Reise nach Deutschland angetreten. Da
bricht Wladimir mit seinen schon lange schlagfertigen Leuten,
die Abwesenheit des Bischofs benutzend, in die Besitzungen
der Deutschen ein. Zahlreiche Schiffe und Flöße führen
das Heer die Düna hinab und mit raschem Ruderschlage
gelangt man bald zur Feste Ykeskola. Aber dort droben
hauste jetzt der wackere Konrad von Meiendorf, dem Albert
jene Burg als Lehn übergeben hatte und nur weniger
wohlgezielter Würfe bedurfte es von den Schleudermaschinen
seiner Wälle hinab auf die drunten liegenden Russen, um
diese sogleich zum Weichen zu bringen. Dann versuchte
Wladimir einen Sturm auf die Feste Holm. Aber auch
hier vermochten seine sonst geübten Bogenschützen nichts
gegen die verderbenbringenden Steinschleuderer der Deutschen auszurichten und in der Belagerungskunst waren
seine Russen, wie Heinrich der Lette leise spottend hinzufügt,
noch so unerfahren, daß als es ihnen nach vieler Mühe
gelungen war, den deutschen Wurfgeschützen eine ähnliche
kleinere Maschine nachzubilden, sie die Steine statt gerade-
aus, rückwärts auf ihre eigenen Leute schleuderten und
viele derselben gar arg zusetzten. Endlich zog Wladimir,

nachdem ihm die Kunde geworden, daß auch Riga sich
zum ernsten Widerstande rüste, unverrichteter Sache von
Holm ab und kehrte unwillig mit seinem Heere nach Polozk zurück.

Um diese Scharte auszuwetzen, eröffnete im folgenden
Jahre 1207 der Fürst von Kukenois, obgleich er immer
in den freundschaftlichsten Verhältnissen zum rigischen Bischof
gestanden und erst so eben sein früheres Bündniß mit ihm
erneuert hatte, plötzlich die Feindseligkeiten gegen die Deutschen. Der aber wurde gleich beim Beginn der Fehde in
seiner eigenen Burg von den Leuten Daniels von Bannerow gefangen genommen und erst durch die Verwendung
Alberts, der mittlerweile von Deutschland heimgekehrt war,
aus seinen Banden entlassen. Um das alte freundschaftliche Verhältniß wieder herzustellen, sandte Albert sogar
dem Fürsten auf seine Bitten zwanzig der erfahrensten
Kriegs- und Handwerksleute, die ihm seine Burg Kukenois
nach deutscher Art befestigen sollten. Aber schnöder Un-
dank folgte dieser großmüthigen That. Denn kaum hatte
Wseslaw erfahren, daß sich Albert wieder zur Reise nach
Deutschland anschicke und sich bereits nach Dünamünde
begeben habe, als er die harmlos an den Wällen seines
Schlosses arbeitenden Deutschen plötzlich ergreifen, einige
derselben sofort niederhauen ließ und ihre Waffen, Pferde,
und Wurfgeschütze wie die Trophäen eines glänzenden
Sieges seinem Großfürsten übersandte.

Jetzt hatte die Langmuth der Deutschen ihr Ende erreicht. Noch zur rechten Zeit traf diese Trauerbotschaft den

Bischof, den zufällig widrige Winde im Hafen zu Düna=
münde zurückgehalten hatten. Schleunigst sendet er seine
Krieger die Düna hinauf gegen Kukenois. Aber statt der
Burg mit Wällen und Vertheidigern finden die Deutschen
hier schon nichts als veröbete Aschen= und Trümmerhaufen.
Auf die erste Kunde von dem Nahen ihres Heeres hatte
Wseslaw seine Burg den Flammen preisgegeben, und war
dann ins Innere von Rußland geflüchtet, um niemals
wieder heimzukehren. Zwei Jahre später ließ Albert auf
dem durch Verrath und Feigheit geschändeten Schloßberge
eine stattliche Burg erbauen und übergab die Bewachung
dieses neuen »Kokenhusen« dem ritterlichen Rudolph von
Jerichow, der so eben seinen friedlichen Stammessitz in den
Elblanden aufgegeben hatte, um hier an der nordischen
Düna unter Kämpfen und Gefahren sich eine neue Hei=
math zu gründen.

So war der erste wichtige Vorposten im Russenlande
gewonnen. Schon zwei Jahre früher hatte Albert sich des
noch höher hinaufliegenden Selburg bemächtigt und auch
hier ein festes deutsches Schloß aufführen lassen. Jetzt
galt es endlich den Fürsten Wsewolod von Gerzike zu be=
müthigen, der von Anfang an jedes Bündniß mit Riga
schnöde abgewiesen hatte, und dessen Feste »wie ein Fall=
strick und wie ein großer Teufel« an der Düna dalag.
Noch im Herbste des Jahres 1208 rückt daher Albert mit
seinen Leuten vor die Burg. Am Thore derselben entspinnt
sich zwischen den Deutschen und Russen ein leichtes Gefecht.
Aber nach kurzer Gegenwehr ist die Feste genommen. Den

Vertheidigern fehlte der Muth und die nöthige Leitung, da ihr Fürst wie jener feige Wseslaw schon vor dem Eintreffen der Deutschen die Flucht ergriffen hatte. Zahlreiche Beute und Gefangene, unter ihnen auch die Fürstin nebst ihren Töchtern und Kammerfrauen fielen in die Hände des Siegers. Einen Tag verweilte noch Albert in der Feste, die einer allgemeinen Plünderung preisgegeben wurde. Dann ward auf sein Geheiß Feuer angelegt und beim Scheine der hellauflodernden Flammen zog siegesfreudig der Bischof mit den fürstlichen Gefangenen die Düna hinab nach Riga zurück. Hier traf bald darauf auch der tiefgebeugte Wsewolod ein, um die Freiheit der Seinen und die Rückgabe seines Fürstenthums vom Bischof zu erbitten. Seine Worte fanden Gehör. Feierlichst mußte er den Eid leisten, fortan der Kirche der Mutter Gottes treu zu bleiben und erhielt dann nach deutscher Sitte unter der üblichen Vortragung dreier Fahnen seine Besitzungen als Lehn des rigischen Bisthums aus den Händen Alberts zurück.

Volle zehn Jahre waren verflossen, seitdem Albert zuerst sein nordisches Bisthum betreten hatte. Immer kühner und mächtiger hatte sich während dieser Zeit das Banner der heiligen Jungfrau über die livischen und lettischen Lande entfaltet und sich zu wiederholten Malen siegreich über das griechische Kreuz der Russenfürsten erhoben. Fast zehn Tagereisen die Düna hinauf beugte sich schon alles Volk vor der Gewalt des rigischen Bischofs. Von dem Kloster der Cisterciensermönche zum Berge des heiligen Nicolaus, welche dem fremden Pilgrimme bei seiner Ankunft im Dü-

namünber Hafen ben erften Willkommensgruß auf livifchem
Boden entgegenfanbten bis hinauf zu der Ruffenfefte Gerzike, deren Gebieter fich fo eben in kränkenbe Lehnsherr-
fchaft des Bifchofs hatte fügen müffen, krönten die ftatt-
lichen Schlöffer und Burgen zu Holm, Yskull, Lenne-
warben, Kokenhufen unb Selburg bie bald lieblichen, balb
einförmigen Uferhöhen ber Düna und fpiegelten fich nebft
ben zahlreichen chriftlichen Gotteshäufern und Kapellen in
ben vollen Fluthen des rafch bahineilenben Stromes. Nörb-
lich von Riga bie Meeresküfte entlang erftreckte fich bie
deutfche Herrfchaft über bie Diftrikte ber Liven von Tho-
reiba, Ybumäa und Metfepole, bie zu verfchiebenen Malen
jeboch ftets vergeblich fich bem Joche ihrer neuen Gebieter
zu entziehen verfucht hatten. In ben weiter gen Often
gelegenen Landfchaften von Antine, Tricatia und Tolowa
aber wohnten die Letten, bie treuften und aufrichtigften
Anhänger der chriftlichen Kirche.

Mit fefter Hand hatte endlich die Geiftlichkeit über alle
biefe Lande ihre Macht ausgebreitet, hatte die neuen Grenzen ber Sprengel gezogen, den Zehnten angeordnet und
einer jeben Diöcefe ihre Kirche unb ihren Priefter beftimmt.
Die weltlichen Angelegenheiten beforgten in ben verfchiebenen Diftrikten eigenbs bazu beftellte Voigte, bie fogenann-
ten Advocati, zu benen bald Ritter, bald geiftliche Herren
gewählt wurden. Daneben ließ man, wenn auch in be-
fchränkterer Wirkfamkeit die Stammesälteften fortbeftehen.

Die Leitung des Ganzen ruhte aber in ben Händen
des Bifchofs. Denn ihm hatte fchon längft fein Kaifer

Philipp der Schwabe ganz Livland mit allen Herrschafts-
rechten übertragen, und mit ungebeugter Kraft und Frische
stand noch immer Albert diesem großen Werke vor. Er
war die Seele aller Unternehmungen. Wo seine gebie-
tende Persönlichkeit erschien, da war auch rascher Erfolg
stets gesichert. Bald sehen wir ihn hoch zu Roß an der
Spitze der kampfesmuthigen Schaar gegen den Feind aus-
rücken, bald auf der beschwerlichen Ueberfahrt nach Deutschland, um das Kreuz zu predigen und immer neue Mannen
für sein Livland anzuwerben, bald als gewandten Vermittler, hier stolz drohend, dort klüglich nachgebend in den
schwierigsten Unterhandlungen mit weltlichen und geistlichen
Machthabern. Die kurze Zwischenzeit der Ruhe und des
Friedens füllten Verwaltungs- und Unterrichtsgeschäfte aus.
Brachte er die Wintermonate auf seinem Bischofssitze in
Riga zu, so kam es wohl vor, daß er zur Belehrung der
neugewonnenen Glieder der Gemeinde »Prophetenspiele«
zur Aufführung bringen ließ, um durch solche geistliche
Comödien den Liven die heiligen Geschichten aus dem alten
und neuen Testamente anschaulich zu machen. Hier wurden
auch Ungetaufte zugelassen. Und als einmal in einem dieser
Stücke Gideons Schaaren die Philister angriffen, geriethen
die Zuschauer in so große Furcht, weil sie glaubten, sie
sollten getödtet werden, daß sie schleunigst das Weite suchten und erst nach langem Zureden zurückzukehren wagten.

Aber solche Tage harmloser Ruhe waren dem Bischof
gar sparsam zugemessen. Verstummte auch dann und wann
der Kriegslärm an den Grenzen seines Landes, im In-

nern desselben zeigten sich nur zu bald die mannigfachsten
Verwickelungen. Denn das ist ja einmal das traurige
Schicksal, welches den Deutschen bei allen seinen staatlichen
Unternehmungen begleitet, daß in demselben Augenblicke,
wo unter kräftiger und besonnener Hand der Einen ein
großes, lebensfähiges Werk Gestalt und Einheit zu gewinnen scheint, auch schon von anderen Seiten, und zumeist gerade den einflußreichsten, eine solche Unzahl von
kleinlichen und selbstsüchtigen Interessen sich Geltung zu
verschaffen weiß, daß ein jedes Zusammenwirken in weiteren Kreisen dadurch unmöglich gemacht wird. So im
Großen, so im Kleinen. In Livland waren es die Schwertritter, von denen der erste Anstoß zu inneren Spaltungen
und Zwistigkeiten ausging.

Bald nach der Stiftung dieses Ordens hatte sich bei
den Mitgliedern desselben ein Streben nach Machterweiterung und Unabhängigkeit gezeigt, welches auf dem stolzen
Gefühle ihrer Kraft beruhend mit dem Wachsen derselben
immer gefährlicher aufzutreten drohte. Im Jahre 1207 stellten sie plötzlich dem Bischof die Forderung, ihnen sowohl
ein Drittheil des bereits eroberten Landes als Eigenthum zu
überlassen, wie auch ein Drittheil der noch zu erobernden
Ländereien zuzusichern. Obgleich nun bei der Gründung
dieser Brüderschaft dem Bischof die unbedingte und alleinige Herrschaft über dieselbe vom Papste zugestanden war,
so glaubte Albert doch, diese Forderung nicht ganz zurückweisen zu dürfen. Was daher das noch zu erobernde
Land betraf, so wich er hierin freilich für jetzt ihrem Ge-

suche klüglich aus; in Livland aber räumte er ihnen mit Zustimmung des Papstes das verlangte Drittheil ein, stellte jedoch hierbei wiederum die Bedingung, daß sie ihm von dem Ertrage dieser Ländereien ein Viertheil zurückerstatten sollten, um so nicht das Verhältniß ihrer Unterthanschaft ganz in Vergessenheit gerathen zu lassen. Hierauf gingen die Ritter willig ein. Zugleich aber beschlossen sie, ihren Hauptsitz, den sie bis dahin in Riga gehabt hatten, ins nördliche Livland zu verlegen, wo die gefahrdrohende Nachbarschaft der Esten schon ihre stete Gegenwart nothwendig machte und wo sie, entfernt vom bischöflichen Sitze, ungehinderter schalten zu können hofften.

In den lieblichen Uferlandschaften der Goiwa, der heutigen Aa, dort wo sich die livische Ebene in sanften Anschwellungen zum malerischen Hügellande erhebt, das mit duftenden Birken und uraltem Eichwalde geschmückt ist, während sich in dem frischen Thalgrunde der Fluß mit seinen silberklaren Wellen hinschlängelt, hatte sich inmitten einer lettischen Urbevölkerung der versprengte livische Stamm der Wenden, der einst aus südlicheren Wohnsitzen vertrieben sein mochte, niedergelassen und eben hier hören wir dann bereits im Jahre 1208 von der wohlbefestigten Burg Wenden reden, als dem neuen Sitze der Schwertritter und ihres Ordensmeisters.

So war auch räumlich der Orden vom rigischen Bisthume geschieden. Nur zu bald sollte diese Trennung in offne Feindschaft ausarten und Jahrhunderte lang zur Quelle der gehässigsten Fehden werden.

Was aber Albert durch diese Zugeständnisse für den Augenblick an Macht und Ansehen einbüßte, das wurde ihm binnen Kurzem von einer anderen Seite her in doppeltem Maße ersetzt.

Im Jahre 1212 schloß Wladimir von Polozk mit Albert den merkwürdigen Vertrag ab, wonach der Fürst sich aller seiner Ansprüche auf Livland begab und dem Bischof das ganze Land mit allen Rechten und Einkünften einräumte.

Mit diesem Vertrage hat es folgende Bewandniß. Das tributpflichtige Verhältniß, in welchem Liven und Letten von Alters her zum Fürsten von Polozk standen, war durch die Einwanderung der Deutschen nicht verändert worden. Neben dem Zehnten, welchen beide Völker nach Annahme des Christenthums der rigischen Kirche zu entrichten gezwungen waren, sandte die Mehrzahl derselben nach wie vor ihren jährlichen Tribut nach Polozk. Dieses Zwitterverhältniß hatte aber besonders unter den widerspänstigen Liven häufigen Anlaß zu Empörungen gegeben und da Wladimir trotz seines mißglückten Feldzuges im Jahre 1208 und trotz der wiederholten Siege des Ordens über die Russenfürsten an der Düna, dennoch nicht gewillt war, diesen Tribut fahren zu lassen, so hatte sich Albert noch im Jahre 1210 verpflichtet, um nur endlich die Livenstämme zur Ruhe zu bringen, den Schoß für sie zu entrichten. Im Jahre 1212 ließ nun Wladimir plötzlich den Bischof zu einer Zusammenkunft nach Gerzike einladen, um hier verschiedene Angelegenheiten mit ihm zu ordnen. Albert, nichts Gutes ahnend, versammelt seine Kriegsleute und zieht wohlgerüstet die Düna hinauf. Ihm schließen sich die Ordensritter und die Aeltesten der Letten und Liven nebst den Kaufleuten von Riga an, alles bewaffnet und auf jeden Ueberfall vorbereitet. Als sie bei Gerzike anlangen, finden sie schon zahlreiche Truppen der Fürsten im Schlosse aufgestellt und alsbald eröffnet auch Wladimir die Verhandlung, indem er an Albert das dreiste Ansinnen stellt: »mit der Verbreitung der christlichen Lehre unter den Liven endlich inne zu halten; die Liven seyen seine Unterthanen und von ihm hänge es ab, ob sie Christen werden sollten oder nicht.« Der Bischof beruft sich zwar auf das ihm vom Papste übertragene Amt der Bekehrung des livischen Landes und bemerkt zugleich dem Fürsten, daß hierdurch seine Rechte in Nichts geschmälert worden seien, im Gegentheil habe er, der Bischof, sich noch vor Kurzem anheischig gemacht, ihm den gebührlichen Tribut für die Liven selbst zu entrichten. Aber mit solchen rechtlichen Auseinandersetzungen war dem grimmen Russenfürsten nicht gedient. Ein Machtwort von ihm, so hatte er gehofft, würde genügen, um von dem Bischof das Verlangte zu erreichen; statt dessen war Albert, auf seinem guten Rechte bestehend, nicht um einen Schritt zurückgewichen. Jetzt sollte daher Waffengewalt den zähen Deutschen nachgiebig stimmen. Unter heftigen Drohungen zieht Wladimir plötzlich seine Heeresmassen aus der Burg, und ordnet die Haufen zur Schlacht. Aber darauf sind des Bischofs Leute schon lange gefaßt; auch von ihrer Seite ist schnell alles zum Kampfe gerüstet. Ein Zeichen, und die Schlacht hätte begonnen. Da sendet Albert, um kein

Mittel zur friedlichen Ausgleichung unversucht zu lassen, zwei Unterhändler an Wladimir ab. Mit eindringlichen Worten ermahnen diese den Fürsten, von seinem ungerechten Vorhaben abzustehen, »er möge ihre Kirche unangetastet lassen, dann würden auch sie die Feindseligkeiten gegen sein Land einstellen. Uebrigens kenne er den Schlachtenmuth der Deutschen und die Ritter brennten vor Begierde, sich mit seinen Leuten zu messen.« Diese Sprache wirkte. Der Anblick der sich so unerwartet mächtig entwickelnden Streitkräfte der Deutschen mochte den Fürsten auch überrascht haben. Genug plötzlich verwandelt sich sein prahlender Hochmuth in die kleinmüthigste Nachgiebigkeit. Er erläßt an seine Truppen den Befehl, sich zurückzuziehen; er geht hinüber ins feindliche Lager; er begrüßt den Bischof als seinen »geistlichen Vater«; er nimmt die abgebrochenen Unterhandlungen wieder auf und »wie durch göttliche Eingebung geleitet« überläßt er dem Bischof ganz Livland, frei und ohne Tribut, schließt zugleich mit ihm ein Schutz- und Trutzbündniß gegen die benachbarten heidnischen Völkerschaften und räumt den Kaufleuten für alle Zeit eine freie ungehinderte Fahrt auf der Düna ein.

Von nun an hören wir nichts weiter von Feindseligkeiten zwischen Polozk und den Deutschen.

IV.

Während Albert an der Düna bemüht war, die Verhältnisse mit den dortigen Russenfürsten zu einem gedeihlichen
Ende zu führen, hallte die Nordgrenze seines Livenlandes
von immer neuem Waffenlärm wieder und die brennenden
Dorffschaften der Letten in Tricatien verkündeten den Rigaern,
daß schweres Unheil von dorther im Anzuge sei.

Im Jahre 1208 hatten die Kämpfe mit den heidnischen
Esten begonnen. Alljährlich waren seitdem Liven und Letten
unter der Führung der deutschen Ritter in die südlichen
Provinzen des Estenlandes, nach Saccala und Ungannien
gezogen und waren theils aus religiösem Fanatismus, theils
aus Stammeshaß und Rachegefühl für alte Beleidigungen
mit schonungsloser Grausamkeit gegen die dortigen Bewohner
verfahren. Das feste Dorpat und Odempä, das »Bären-
haupt« der Ungannier, Viliende, das spätere Fellin, der
Hauptwaffenplatz im kornreichen Lande der Saccalaner und
das von Mordsten gedeckte Sontagana nebst Leal im süd-
östlichen Winkel des Estenlandes waren die gewöhnlichen
Zielpunkte ihrer Unternehmungen. Hatten sie sich dann

der einen oder der anderen dieser Festen bemächtigt und die
dortige Besatzung niedergemacht oder in die Flucht gejagt,
so zogen die christlichen Kämpfer plündernd und verwüstend
wieder ihrer Heimath zu und trieben in jubelnder Sieges-
freude die Schaaren der gefangenen Weiber und Kinder
nebst den erbeuteten Rinderheerden vor sich her.

Solchen Zügen folgte dann gewöhnlich rasch ein rächen-
der Einfall der Esten ins Livenland und zu wiederholten
Malen drangen dieselben von der See- und Landseite her
in die christlichen Gaue der Liven und Letten ein, zerstörten die neuerrichteten Kirchen in Thoreida und Metsepole,
schändeten die Gräber, brieten die vornehmsten Gefangenen
lebendig am Feuer und übten hier mit thierischer Wuth
und Rohheit Vergeltung an dem Gegner aus, den sie in
ihrem eigenen Lande nicht zu überwältigen vermocht hatten.

Unter diesen Kämpfen waren bereits vier Jahre verstrichen. Dann kam es freilich im Jahre 1212 zwischen
den Deutschen und Esten zu einem Vertrage, wonach die
Feindseligkeiten während drei Jahre eingestellt werden sollten. Aber noch vor Ablauf dieser Waffenruhe bricht der
Krieg von Neuem aus, und wie ein Mann erhebt sich jetzt
das ganze Estenvolk in den Waffen, um seinen Glauben,
sein Land, seine Nationalität und die ihm von den Urvätern
überkommenen alten Freiheiten gegen die unberechtigten Eingriffe fremder Eroberer zu vertheidigen. Mit gesteigerter
Erbitterung wird nun von beiden Seiten gekämpft. Drei
schlachtenvolle Jahre hindurch schwankt das Kriegsglück.
Aber endlich muß sich der Estenmuth vor der Uebermacht

und Waffenkunde der Deutschen und ihrer Bundesgenossen beugen. Odempä wird von den Rittern besetzt. Ganz Saccala und Ungannien bekennen sich zum Christenthume. Im Jahre 1217 bitten auch die Bewohner von Rotalien, Harrien und der Meeresküste um die Taufe und Angesichts der verwüsteten Dorfschaften und rauchenden Trümmerhaufen ziehen die christlichen Priester mit dem Banner der heiligen Jungfrau in die blutig gepeitschten Landschaften der Esten ein, um mit dem Worte des Friedens und der Versöhnung den Schmerz der noch klaffenden Wunden des Krieges zu lindern und zu heilen.

Diese ersten umfangreichen Erwerbungen des livischen Bisthums im Estenlande führten zu einem bedeutungsvollen Wendepunkte der ganzen Politik des Nordens. Die plötzliche Machterweiterung der rigischen Kirche zog mit einemmale die Blicke aller Nachbarstaaten auf sich und bald vertauschten diese ihre bis dahin bewiesene Gleichgültigkeit mit einer drohenden furchtgebietenden Stellung. Nicht lange währt es, und das Drohen wird zur That. Schon im Jahre 1218 dringen von Osten her 16000 Russen in Wenden und Tricatien ein. Ein Jahr darauf landet an der nordwestlichen Küste von Estland König Waldemar II. mit einem prunkenden Gefolge von hohen Kirchenfürsten und mit dänischen und wendischen Kriegsvölkern. Im folgenden Jahre unternimmt König Johann von Schweden eben dorthin einen kühnen Eroberungszug. Bald mischen sich auch, mit gutem Rechte der Kaiser, Papst und Erzbischof von Bremen in diese nordischen Verwickelungen.

Das kleine livische Bisthum ist mit einemmale aus seinem Dunkel hervorgetreten und plötzlich mitten in den Strudel und die Wirrnisse der großen europäischen Politik gezogen.

Der erste Anstoß hierzu war von den Ufern des Wolchow, von der stolzen Republik Novgorod ausgegangen. Nicht ohne Bedenken mochte man nämlich hier schon im Jahre 1212 die Nachricht von jenem Vertrage zu Gerzike aufgenommen haben, wonach sich der Fürst von Polozk freiwillig alles Einflusses auf die livischen und lettischen Völkerschaften begeben und diese unter die alleinige Oberhoheit des Bischofs von Riga gestellt hatte. Als nun aber der gewaltige Albert mit dem siegreichen Ordensschwerte gar in die Landschaften der Esten eindrang, um deren Besitz die Novgoroder während der letzten hundert Jahre so viele und blutige Kriegszüge unternommen hatten, da erschien denselben kein Opfer zu groß, um dem deutschen Bischof das neugewonnene Land wieder zu entreißen und ihre eigenen vermeintlichen Ansprüche hier endlich zur Anerkennung zu bringen. Schon im Jahre 1216 eilte daher ein novgorodsches Heer im Vereine mit den Bundesgenossen von Pleskow den bedrängten Esten zu Hülfe und als dieses nach einer erfolglosen Belagerung von Odempä sich wieder zurückziehen muß, werden während zweier Jahre neue Rüstungen durch das ganze Rußland mit einem solchen Eifer betrieben, daß endlich im Jahre 1218 ein Heer von 16000 auserlesenen Streitern, »die mit den besten Waffen versehen waren« ins Estenland einrücken konnte.

Aber schon hatte Albert, vielleicht aus Besorgniß, einer

solchen Uebermacht allein nicht Stand halten zu können,
sich nach fremder Hülfe umgesehen. Auf Dännemark fiel
zuerst sein Blick. Ohne Säumen eilt er dorthin und mit
der größten, scheinbar uneigennützigsten Bereitwilligkeit
kommt man hier den Wünschen des Bischofs entgegen.

Auf dem dänischen Königsthrone saß seit dem Jahre
1202 Waldemar II., von seinen Zeitgenossen der Sieger
genannt, eine jener urkräftigen skandinavischen Naturen, in
der neben dem Kriegsmuthe und der Rührigkeit die alte
Ruhmbegierde und der Unternehmungsgeist der Normannen
ungeschwächt fortlebte. Von seinem Lieblingssitze Wordingborg auf Seeland beherrschte er mit starker Hand den
blühenden Inselkranz des heutigen Dänenreiches wie jenseits des Sundes im südlichen Skandinavien die Lande
Schonen, Blekingen, Lyster und Halland, während zugleich
die neuerworbenen nordalbingischen Besitzungen im mecklen-
burgischen Obotritenlande, in Pommern und auf Rügen
seinen Herrscherblick auf diese Uferlande der schönen Ostsee
lenkten.

Zu einer Zeit, da Waldemar noch als Herzog dem
älteren königlichen Bruder Knud zur Seite gestanden, im
Jahre 1199, hatte er dem Bischof Albert bei seinem damaligen Besuche in Dännemark reiche Geschenke zur Kreuzfahrt nach Livland gespendet und mochte auch noch während
der nächsten Jahre mit warmer Theilnahme dem raschen
Vordringen der deutschen Waffen gefolgt sein, da er in der
Verbreitung des Christenthums das sicherste Mittel erkennen
mußte gegen die Seeräubereien, mit welchen die benach-

barten Esten unablässig seine Ostsee gefährdeten. Dann
aber hatte sich mit der wachsenden Macht Alberts plötzlich
das Gefühl der Theilnahme beim Dänenkönige in die feind=
seligste Eifersucht verwandelt und schon im Jahre 1206
hatte er einen Zug nach der Estland gegenüberliegenden
Insel Oesel unternommen mit der unverkennbaren Absicht,
sich hier einen Waffenplatz zu schaffen, von wo aus man
später auch auf dem Festlande sicheren Fuß fassen könne.
Der Ausgang dieser Unternehmung entsprach freilich keines=
wegs den Wünschen Waldemars, da Niemand unter seinen
Kriegsleuten die Bewachung jenes gefährlichen Vorpostens
inmitten der wilden Oeselaner übernehmen wollte. Der
König kehrte daher bald zurück, sandte aber nun seinen
Kanzler, den Erzbischof Andreas von Lund nebst dem
schleswigschen Bischof Nicolaus nach Riga, vermuthlich
mit dem geheimen Auftrage, sich hier in Abwesenheit Al=
berts, der damals so eben nach Deutschland gereist war,
die nöthige Einsicht in die inneren Verhältnisse der livi=
schen Kirche und auch gelegentlichen Einfluß auf dieselben
zu verschaffen. Denn der hohe Kirchenfürst schien sich bald
gar wohl in seinem lieben Riga zu gefallen, blieb den
ganzen langen Winter in dem fremden Bischofssitze, taufte
hier kraft seiner Stellung viele Heiden, versammelte die
dortige Geistlichkeit zu Besprechungen um sich, hielt ihnen
»theologische Vorträge« und entschloß sich erst kurz vor
Ostern, da man bereits der baldigen Rückkehr Albers ent=
gegensah, zur Heimreise nach Dännemark.

Während der nächsten zwölf Jahre konnte Waldemar

an keine Wiederaufnahme dieser estländischen Pläne denken. Die Politik seiner weiten Lande war bereits aufs engste an die des deutschen Reiches geknüpft und hier bereiteten sich eben damals Ereignisse vor, die gar bald auf die Lage der meisten westeuropäischen Staaten den entschiedensten Einfluß ausüben sollten.

Der Kampf der Hohenstaufen und Welfen hatte wieder begonnen. Von Neuem erscholl nach kurzer Waffenruhe durch alle deutschen Lande das Losungswort: Hie Welf! Hie Waiblingen! das während eines halben Jahrhunderts so oft das Zeichen zum unheilvollen Bruderkampfe gewesen war und hallte wieder in den Schlachtreihen der italienischen Guelfen und Ghibellinen.

An der Spitze der Hohenstaufen stand damals der edle Schwabenherzog Philipp, der sich einstweilen selbst im Jahre 1198 zum Könige der Deutschen hatte ausrufen lassen, um so die Krone seinem Neffen, dem elternlosen Knaben Friedrich zu erhalten. Aber zu gleicher Zeit war auch schon im Hause der Welfen der alte Geist der Eifersucht und Feindschaft wieder wach geworden und über der stillen Grabesgruft zu Braunschweig, wo seit dem Jahre 1195 der alte Löwenherzog Heinrich ruhte, hatte sich plötzlich in voller Jugendkraft und ritterlichem Schmucke sein Sohn, der Herzog Otto erhoben, fest entschlossen, den heimgegangenen Vater an dem Enkel Barbarossas zu rächen. Rasch hatten sich die alten Anhänger seines Hauses um den jugendlichen Welfen geschaart und ihn zu Aachen am 12. Juli des Jahres 1198 zum Gegenkönig erwählt. So

theilten sich die deutschen Lande wieder zwischen zweien
Herren: Hier Welf, dort Hohenstaufe. Bald mischt sich
auch der Papst Innocenz III., als Vormund des jungen
Friedrich in diese Wirren, entscheidet sich aber im Jahre
1201 gegen die Erhebung des Oheims seines Pfleglings.
Nun verstreichen sieben Jahre unter fortgesetzten, gehässigen
Streitigkeiten, Verhandlungen mit Rom und Werbungen
für die beiden feindlichen Parteien. Ein friedliches Ende
war hier nicht abzusehen. Da überfällt am 21. Juni des
Jahres 1208 ein Vetter Ottos meuchlings den wehrlosen
Philipp auf der Altenburg bei Bamberg; unter dem Mord-
stahle des Wittelsbachers haucht der Hohenstaufe seine
Seele aus. Die Frevelthat war unerhört im deutschen
Volke. Der Papst, der Gegenkönig, das ganze Land ver-
fluchen dieses Bubenstück. Indessen weiß es der Welfe
doch zu seinem Nutzen auszubeuten. Schnell macht er dem
Papste die noch verlangten Zugeständnisse, zieht dann über
die Alpen nach Rom und empfängt am 4. Oktober des
Jahres 1209 in der Peterskirche die langersehnte Kaiserkrone.

Während aller dieser Vorgänge in Deutschland verlebte
sein künftiger Kaiser Friedrich unter der strengen Obhut
des mächtigen Papstes, der ihm im Uebrigen an einer
freisinnigen und glänzenden Bildung nichts fehlen ließ,
freudeleere Jugendjahre in dem fernen Sicilien und machte
hier unter steten Drangsalen und Gefahren aller Art,
früher als es wohl je einem Fürstensohne beschieden, die
große Schule des Lebens, der Entsagung und Erfahrung

burch. Das politische Ziel, welches Innocenz hierbei vor
Augen hatte, ging besonders dahin, dem kaiserlichen Kinde
seine Ansprüche auf die unteritalienischen Besitzungen un=
verkümmert zu erhalten, zugleich aber eine Vereinigung
derselben mit den deutschen Reichslanden für alle Zeit un=
möglich zu machen. Deshalb mußte der Welfe von Rom
aus unterstützt werden. Und während zwölf Jahre führte
der kluge Papst diese Politik mit großer Gewandheit und
mit dem günstigsten Erfolge durch. Im Jahre 1210 trat
hierin aber plötzlich eine vollkommene Aenderung ein. Der
angestammte Heldensinn des Welfen und ein tiefes Gefühl
für die Ehre und den Ruhm des deutschen Vaterlandes
ließen den Kaiser Otto auf seiner glorreich betretenen Bahn
nicht stille stehen. Er gedachte seines schweren Eides: die
Würde des Reiches zu erhalten. Er gedachte der reichen
Besitzungen in Unteritalien, die unter seinem Vorgänger
Heinrich VI. mit der deutschen Krone vereint gewesen waren.
Bald war daher sein Plan entworfen und rasch folgte
demselben die Ausführung. Noch vor Ablauf des Jahres
1210 stehen seine Kriegsleute in Neapel; Capua wird von
deutschen Rittern besetzt.

Das freilich hieß den feinsten Lebensnerv der römi=
schen Politik verletzen. Ein Bannstrahl, so hoffte Innocenz,
würde den treulosen Gegner zum Stehen bringen. Aber
umsonst. Im Genusse immer glänzenderer Erfolge schwelgt
die ruhmbegierige Seele Ottos. Erst als die Nachricht
vom Ausbruche plötzlicher Unruhen unter den Deutschen,
die dem gebannten Kaiser den Gehorsam verweigerten, zu

ihm gelangt, verläßt er Italien, um daheim die schwankenden Verhältnisse zu ordnen.

Innocenz war bis aufs Tiefste verletzt. Schon schreckte er vor keinem Mittel zurück, um den drohenden Sturm sicher zu beschwichtigen. Was sein Bann nicht vermocht, das sollte jetzt der Hohenstaufenjüngling, der achtzehnjährige Friedrich mit seinem glühenden Stammeshasse gegen den Welfen und seinen alten vom Papste selbst so lange verneinten, nun anerkannten Rechten auf die Kaiserkrone durchsetzen. Der sollte den kecken Welfen vernichten. Und wohl gelang es ihm.

Friedrich war bereits seit drei Jahren vermählt. Ein Sohn war ihm geboren. Nachdem der Papst ihn eidlich verpflichtet, nach Erlangung der deutschen Kaiserkrone diesem Kinde Sicilien frei zu übergeben, stürmte der blonde Fürstensohn im Jahre 1212 über die Alpen, fast unbegleitet, oft die ungebahnten Pfade wählend, um so die Wachsamkeit seiner Feinde zu täuschen, aber mächtig durch den Seegen seines Papstes, siegesgewiß wie es sich dem Jünglinge geziemt, strahlend von der Majestät und fürstlichen Hoheit des hohenstaufischen Stammes. Mit dem Eintritte in sein treues Schwabenland erwachen aller Orten die Erinnerungen an die Thaten seines Ahnen wie an die Rechtmäßigkeit seiner Ansprüche. Scheu weicht das süddeutsche Volk vor dem gebannten Otto zurück und eilt zu den Fahnen des Hohenstaufen, der ihnen vom Papste selbst zugesandt war. Zahlreich huldigen ihm die deutschen Fürsten auf dem Reichstage zu Frankfurt im Januar 1213.

Nun wendet sich Otto, den mit dem Glücke auch die Klugheit zu verlassen schien, trotz seines noch immer mächtigen Anhanges im nordwestlichen Deutschland, nach Brabant, um hier den Bundesgenossen seines alten Freundes Johann von England gegen die drohende Uebermacht Frankreichs zu Hülfe zu eilen. Aber auf dem Schlachtfelde von Bouvines muß er mit den Trümmern seines Heeres die schmachvollste Flucht ergreifen. Siegesprangend zieht Philipp August mit den gefangenen Deutschen und dem erbeuteten Fahnenwagen Ottos in Paris ein und mit ächt gallischer Höflichkeit sendet er die Flügel des kaiserlichen Adlers als weissagendes Angebinde dem jungen König Friedrich zu. Am 25. Juli 1215 wird dieser in Aachen gekrönt. Vor dem Glanze des »apulischen Knaben« ist jetzt Ottos Stern verblichen.

Allen diesen Wirren und Verwickelungen in Deutschland hatte das benachbarte Dännemark unausgesetzt die regste Aufmerksamkeit und thätige Theilnahme zugewandt. Hatte schon Heinrich der Löwe auf seinen Kriegszügen gegen die Wenden zu öfteren Malen die Dänen als treue Bundesgenossen zur Seite gehabt, so war die Hinneigung dieses mächtigen nordischen Königshauses zum Welfenstamme im Laufe der Zeiten durch wechselseitige Heirathen und Bündnisse immer enger geworden und war dann besonders für Otto bei allen seinen Unternehmungen gegen den Schwabenherzog Philipp von wesentlichem Nutzen gewesen.

Friedrichs Auftreten hatte hierin aber eine plötzliche Veränderung herbeigeführt. War es bei Walbemar ein richtiges Vorgefühl von der nur zu bald schwindenden Macht des Welfen, welches sein Verhältniß zu Otto seit dem Jahre 1212 allmählich lockerte; war es seine Berechnung, daß unter den schwankenden Umständen ein rascher Anschluß an den emporsteigenden Hohenstaufen für diesen nur erwünscht, für ihn selbst nur gewinnreich sein könne? — weder Urkunden noch Chroniken klären diese Zeit hinlänglich auf. Aber bald nach den ersten günstigen Erfolgen Friedrichs giebt Waldemar, mit einer kühnen Wendung seiner ganzen früheren Politik, das Bündniß mit dem von der Gunst des Volkes wie vom Seegen des Papstes verlassenen Otto auf. Die Folgen dieses Schrittes hatte er richtig ermessen. Denn um den mächtigen Nachbaren ganz für seine Sache zu gewinnen und so zugleich dem Ausbruche jeder drohenden Bewegung im welfischen Norden von Deutschland zuvorzukommen, läßt Friedrich sich nun mit Waldemar in Unterhandlungen ein und übergiebt ihm im Jahre 1214 — schwer genug mochte es dem Hohenstaufen ankommen, aber seine ganze Stellung ließ ihn für den Augenblick keine andere Politik befolgen — »zur Behütung des deutschen Reiches vor Feinden« alle Gebiete jenseits der Elbe und Elde. Das war der Inhalt des Vertrages zu Metz.

Diese Akte wurde am 31. Januar 1217 vom Papste bestätigt. Wenige Monate darauf ging, wie wir gelegentlich durch Heinrich den Letten erfahren, ein gewisser Graf Albert von Lauenburg nach Livland, nahm sich hier der Sache der Deutschen mit regem Eifer an und legte in einem blutigen Treffen mit den Esten rühmliche Beweise seines Muthes ab. Und am 9. Oktober des folgenden Jahres 1218 erhielt der König Waldemar vom Papste die Erlaubniß, »alles Land, welches er den Ungläubigen, nämlich den Esten, abgewinnen werde, seinem Reiche und der Kirche desselben zu unterwerfen.«

Am dänischen Königshofe bereiteten sich große Dinge vor. Die glücklichen Erfolge, die Waldemars Politik in Deutschland begleitet, hatten neue weitaussehende Pläne in ihm angeregt. Hier im Süden war vor der Hand nichts zu machen. Der König hatte daher seinen Blick wieder Estland zugewandt. Dorthin mußte nun jener Graf von Lauenburg, der Niemand anders als sein treuester Freund und Neffe Graf Albert von Orlamünde ist, vorangehen, um größere Unternehmungen einzuleiten und im folgenden Jahre wird, während man noch in Rom die hohe Genehmigung des Papstes auszuwirken suchte, schon in Dännemark mit aller Macht an der Ausrüstung eines Heereszuges gegen Estland gearbeitet.

Ein merkwürdiger Zufall wollte, daß gerade in diesem Augenblicke der Bischof Albert beim Könige eintraf, um seine Hülfe gegen die vereinte Esten- und Russenmacht in Anspruch zu nehmen. Er mochte keine Ahndung haben von der Lage der dortigen Verhältnisse und an großmüthiger Bereitwilligkeit ließ daher der Däne es nicht fehlen, um sich so ein neues Anrecht auf die künftigen Eroberungen im baltischen Lande zu erwerben. Schon im Sommer des Jahres 1219 setzte Waldemar mit einem gewaltigen Heere von Dänen, Deutschen und Wenden nach

7

Eſtland über. Ihm folgte auch dieſesmal der Erzbiſchof
von Lund, der ſich gar oft ſeit jenem Winteraufenthalte
in Riga aus geiſtlichen wie aus weltlichen Rückſichten mit
dem geheimen Gedanken an ein neues Unternehmen gegen
die baltiſchen Heiden beſchäftigt haben mochte.

An der nordweſtlichen Küſte von Eſtland, dort wo auf
hohem Felſenriff von Alters her die Lindaniſſa, die Dänen-
feſte ſich erhob und mit ihren halbverwitterten Mauern die
Erinnerung an die Großthaten eines Knud und anderer
Dänenkönige unter den umwohnenden Völkerſchaften noch
wach erhalten hatte, landete auch jetzt der Sieger Waldemar
mit ſeinem Heere, das, wie Spätere berichten, kaum 1500
lange Schiffe hatten faſſen können.

Eine neue feſtere Burg, unter derem Schutze ſpäter die
Stadt Reval erwuchs, wird raſch aufgeführt und bald
treffen von den benachbarten Eſtenſtämmen die Aelteſten
beim Könige ein, um ihm zu huldigen und ſich taufen zu
laſſen. Aber frecher Trug lag hinter dieſem Akt von Un-
terwürfigkeit. Noch ſind nicht drei Tage ſeit der Zuſam-
menkunft der Stammesälteſten mit Waldemar verfloſſen,
als plötzlich um die Dämmerungsſtunde von verſchiedenen
Seiten zahlloſe Maſſen bewaffneter Eſten über die fremden
Krieger herfallen und mit ihren ſchweren Keulen und Spießen
ein ſchreckliches Blutbad unter ihnen anrichten. Ueber-
raſchung und Verwirrung machen es den Dänen unmöglich,
Stand zu halten. Immer weiter dringen die Rotten der
Eſten vor. Da eilt Wizlaw, der junge Fürſtenſohn von
Rügen, der als Vaſall des Königs ſich dieſem Zuge an-

geschlossen und gerade die Wache am hohen Meeresufer übernommen hatte, mit seinen tapferen, wohlgeordneten Wenden den bedrängten Bundesgenossen zu Hülfe. Augenblicklich bringt er den Feind zum Stehen. Rasch sammeln sich die Dänen und Deutschen. Um die erlittene Schmach zu rächen, stürzen sie sich mit neuem Muthe über die Esten her, die auch bald in wilder Flucht ins Innere des Landes zu ihren Verstecken zurückeilen.

In diesen Stunden heißen Kampfes und banger Sorge, soll plötzlich dem Erzbischof Andreas, so geht die Sage, als er bei der ersten Niederlage der Seinen den Höchsten unablässig um Beistand anflehte und schon sein zum Gebet erhobener Arm vor Müdigkeit zu sinken begann, in diesem Augenblicke soll ihm ein weißes Kreuz als Gnaden- und Siegeszeichen vom Himmel herabgesandt sein, das hochgeschwungen alsobald den Muth der Dänen wieder neu belebte und sie zum Siege über die Ungläubigen führte. Von jenem Tage an aber wurde das weiße Kreuz auf rothem Grunde, der Danebrog, das Reichspannier der Dänen und theilte fortan den Schlachtenruhm des stolzen Inselvolkes zu Lande wie zur See.

Fast zur selben Zeit, da die Kunde von diesem Siege das ganze westliche Estenland durcheilte, zeigte sich auch im Osten das Kriegsglück nicht minder hold dem deutschen Ordensschwerte. Nach blutigen Kämpfen mit den Eingeborenen waren hier wieder neue Landschaften von den Rittern in Besitz genommen und das gewaltige Russenheer, das Jahrs zuvor so großen Schrecken verbreitet, hatte nach

einer Niederlage beim Embachfluffe und nach einer vergeb=
lichen Belagerung von Wenden fich zum fchleunigen Rück=
marfch angefchickt.

Binnen unverhofft kurzer Zeit war fo die livifche Kirche
vom äußeren Feinde befreit worden. Wenn nun nur nicht
der eigene Freund, der dänifche Bundesgenoffe die Koften
feiner Hülfe fo übermäßig hoch angefchlagen und dadurch
dem rigifchen Bifchof neue Schwierigkeiten bereitet hätte.
Denn plötzlich drangen von Norden her Gerüchte wunder=
lichfter Art nach Riga. Dänifche Priefter, fo hörte man,
durchftreiften nach allen Richtungen das Eftenland, um zu
bekehren und daffelbe ihrem Erzbifchof von Lund, der fich
mit feinen Kriegsleuten fchon recht warm im feften Reval
eingeniftet hatte, zu unterwerfen. Um hierbei rafch zum
Ziele zu gelangen, war ihnen jedes Mittel recht. Wenn
nur eins jener hölzernen Kreuze, die maffenhaft von Reval
aus nach allen Gegenden verfandt wurden, in einer Dorf=
fchaft aufgepflanzt war, fo galt diefelbe für chriftlich und
für dänifch. Oft wurde dem gemeinen Bauersmann
das heilige Weihwaffer anvertraut, um damit Frau und
Kinder zu befprengen, denn die Dörfer der Eften lagen
weit von einander getrennt, und trotz des haftigften Bekeh=
rungseifers konnten doch die dänifchen Glaubensboten nicht
überall in eigener Perfon ihr hohes Amt verrichten. An=
fangs mochte diefer Seegen nur denjenigen Landfchaften zu
Theil werden, wohin die Diener der römifchen Kirche noch
nicht vorgedrungen waren. Bald aber nahm man fich mit=
leidsvoll auch folcher Gegenden an, die fchon als Sprengel

jener Kirche galten, nahm wohlgefällig die »fremde Ernte«
für sich in Beschlag, verbot sogar den Eingeborenen, sich
mit den Deutschen einzulassen und henkte unter anderen
einen armen Landesältesten der Esten, weil der Unglückliche
von den Rigischen die Taufe angenommen hatte.

Gegen solche Uebergriffe eiferten Albert und der Orden
mit aller Macht. Aber weder Waldemar noch sein Erz=
bischof wollten die wohlerworbenen Rechte Rigas auf Est=
land anerkennen. Die Dänen stützten sich auf jenen Brief
der hohen römischen Curie vom Jahre 1218, behaupteten,
der livische Bischof selbst habe ihnen den Besitz von Est=
land eingeräumt, und ließen sich durch Nichts in ihrem
Treiben stören. Ein letztes Mittel, den deutschen Bischof
zum Schweigen zu bringen, lag überdies noch immer in
des Königs Händen, da seit dem Jahre 1200 die Stadt
Lübeck, »der Schlüssel Livlands«, unter dänischer Herrschaft
stand, mithin ein Wort von Waldemar genügte, um durch
die Sperrung ihres Hafens den Rigaern jeden Verkehr mit
Deutschland abzuschneiden. Was aber eine solche Sperre
auf sich hatte, das mußte Albert eben damals selbst er=
fahren. Denn als er im Jahre 1219 seinen Bruder Herr=
mann, der bisher Abt zu St. Paul in Bremen gewesen,
nach Riga rief, um ihn als Bischof in Estland einzuführen,
ließ Waldemar, der diesen Fremden in seinem Estland nicht
dulden wollte, die Einschiffung desselben sofort hintertreiben
und wußte noch mehrere Jahre ihn an der Abreise nach
Livland zu verhindern.

Um nun das Maaß von Schwierigkeiten für die rigische

Kirche voll zu machen, landet im Jahre 1220 der König Johann von Schweden, den die glücklichen Erfolge der Dänen angelockt haben mochten, an der südlichen Küste von Estland, bemächtigt sich des festen Leal und läßt von hier aus ganz nach Dänenweise die Umgegend taufen und sich unterwerfen. Eine unglückliche Schlacht mit den Bewohnern des nahen Oesel machte freilich diesem Unternehmen bald ein Ende. Indessen schien die Sache für den ersten Augenblick den Rigaern doch höchst bedenklich zu sein.

Unter diesen Verhältnissen entschloß sich Albert endlich, wohl erkennend, daß hier mit gewöhnlichen Mitteln nichts mehr auszurichten sei, nach Rom zu gehen, um dort beim heiligen Vater selbst Schutz und Hülfe gegen die neuen Feinde seiner Kirche zu suchen. Noch im Jahre 1220 schifft sich der greise Bischof ein, wohl nicht ahnend, welche Gefahren, welche bittere Täuschungen und Demüthigungen ihm diese Fahrt bereiten sollte. Kaum hat er den Hafen von Lübeck erreicht, so erfährt er durch seine Freunde, daß Waldemar auf ihn fahnde. Dieselbe Stadt, die ihn so oft im vollen Glanze seiner Macht und seines Glückes gesehen, wenn er, umgeben von der deutschen Ritterschaar sich auf das Schiff begab, das ihn gen Norden führen sollte, dasselbe Lübeck muß jetzt der stolze Bezwinger Livlands, wie ein geächteter Flüchtling, heimlich auf Schleichwegen verlassen, um nicht den Häschern des eifersüchtigen Dänenkönigs in die Hände zu fallen. Doch ungebeugten Muthes setzt er die Reise fort; langt endlich auch glücklich in Rom an.

An eine persönliche Zusammenkunft mit dem Papste

knüpfte Albert seine größten Hoffnungen. Freilich Innocenz III., der hochherzige Beschützer der baltischen Kirche,
lebte damals nicht mehr. Er war im Jahre 1216 gestorben. Nach ihm hatte der milde Cencius unter dem
Namen Honorius III. den päpstlichen Sitz eingenommen.
Aber während einer achtzehnjährigen Amtsführung hatte
Innocenz mit einer solchen Fülle von Kraft und Einsicht
an der Machterweiterung seiner Kirche gearbeitet, daß der
wenn auch weniger begabte Nachfolger, der immerhin »mit
Milde lieber als mit Strenge« verfahren mochte, unmöglich die einmal eingeschlagene Politik der römischen Curie
sogleich verlassen konnte. Und darauf baute jetzt vor Allem
Albert.

Seit dem Jahre 1213 war die livländische Kirche in
ein eigenthümliches Verhältniß zum römischen Hofe getreten. Die Bande, welche diese nordische Niederlassung
ursprünglich an das bremer Erzstift knüpften, waren mit
der wachsenden Macht Alberts allmählich gelockert worden.
Der Grund hiervon lag theils in der räumlichen Entfernung Rigas von der deutschen Metropole, vor Allem aber
in jener Politik Roms, welche bereits seit den Tagen Gregors VII. unablässig auf die Schwächung der Metropolitangewalt der größeren Erzstifte bedacht gewesen war und einer
jeden gefahrdrohenden Machterweiterung derselben durch das
wirksame Mittel einer gänzlichen oder zeitweisen Abtrennung
einzelner ihrer Gebietssprengel vorzubeugen suchte, die dann
in ein desto engeres Verhältniß zu Rom selbst treten mußten.
So wurde um jene Zeit das pommersche Bisthum Kamin

auf eilf Jahre der Diöcesengewalt des magdeburgischen Erzstiftes entzogen und in ähnlicher Weise hatte schon im Jahre 1213 Innocenz III. plötzlich dem Bischof Albert in seinem Schreiben vom 20. Februar kurzweg angezeigt, »daß er einstweilen bis auf weitere Verfügung keinem Metropolitane Gehorsam zu leisten habe.«

Mit diesem Schritte war man freilich am erzbischöflichen Hofe zu Bremen keineswegs einverstanden und wenn die dortige Geistlichkeit auch gegen das Gebot des mächtigen Innocenz noch nichts zu unternehmen wagte, so setzte sie doch gleich nach dessen Tode alles in Bewegung, um wieder zu ihren alten Rechten zu gelangen, die sie während fünf und zwanzig Jahre über Livland ausgeübt hatte. Bald wurden nun dem widerspenstigen Albert bei der Verwaltung seiner Kirchenlande die mannigfachsten Schwierigkeiten bereitet, wie sie nur immer gekränkte Ehre zu erfinden weiß; bald den Kreuzfahrern, die nach Livland wallfahren wollten, Hindernisse aller Art in den Weg gelegt, um so der rigischen Kirche, die damals noch gar sehr des Zuzugs deutscher Mannen bedurfte, den inneren Lebensnerv zu verkümmern.

Das alles aber wußte Albert mit leichter Mühe zu beseitigen. Immer enger schloß er sich dem päpstlichen Hofe an und verfehlte bei keiner Beleidigung, die er von jener Seite her erfuhr, laute Klage in Rom zu erheben, was dann auch stets den bremer Herren die heftigsten Vorwürfe zuzog.

Im Jahre 1219 war die Trennung der livischen Kirche von Bremen so weit gediehen, daß der Abt Hermann

von Burhövden, in Folge seiner Wahl zum Bischof von
Estland sich schon nicht mehr, wie sonst in Bremen weihen
ließ, sondern die nöthige Weihe beim Erzbischof von Magdeburg nachsuchte.

Zu eben dieser Zeit hatten sich aber auch in Folge der
dänischen Intervention des Jahres 1219 die neuen Verwickelungen der livischen Kirche mit jener nordischen Groß-
macht vorbereitet. Mit Waffengewalt war hier nichts auszurichten; jeder Einwand des Bischofs fand taube Ohren
bei Waldemar und seiner herrschsüchtigen Geistlichkeit. In
dieser drückenden Lage griff daher Albert einen Plan, der
ihn schon früher im Geheimen beschäftigt haben mochte,
mit neuer Lebhaftigkeit auf: es galt, den Bischofsstab mit
dem erzbischöflichen Pallium zu vertauschen, wodurch ihm
vollkommne Unabhängigkeit von Bremen und unbedingte
Herrschaft über Livland wie über Estland gesichert würde.
Konnte er diesem Plane beim Papste Gehör verschaffen,
und zugleich von ihm erlangen, daß die geistlichen Stiftungen der Dänen wie der Deutschen im neueroberten Estland
unter seine erzbischöfliche Botmäßigkeit gestellt würden, so
war allen ferneren hierarchischen Bestrebungen Dännemarks
in jenem baltischen Lande vorgebeugt. Das waren die geheimen Wünsche mit denen der rastlose Bischof die heilige
Tiberstadt betrat.

Aber die Abendsonne seines reichen Lebens verdunkelte
in diesem Augenblicke finsteres Gewölk, und statt des ge-
hofften Beistandes erwarteten seiner hier die kränkendsten
Täuschungen. Fast gleichzeitig mit ihm waren Gesandte

des mächtigen Dänenkönigs in Rom eingetroffen, die kein Mittel unversucht ließen, seine Pläne zu hintertreiben. »Mitleidig und väterlich« hörte Honorius die Klagen und Forderungen Alberts an, ohne ihm irgendwie zu helfen, geschweige denn, auf seine Pläne in Bezug auf Estland einzugehen. Denn Waldemar, der fromme Sohn, hatte bereits »sich und sein Reich dem heiligen Peter übergeben«, hatte überdies vom Papste selbst die Zusicherung erhalten, daß alle Eroberungen, die er in Estland machen würde, seiner Krone zufallen sollten und die Freundschaft dieses mächtigen Fürsten konnte man unmöglich verscherzen, nur, um dafür den kleinen livischen Bischof zufrieden zu stellen.

Unverrichteter Sache verließ daher Albert den römischen Hof. Noch eine Zuflucht blieb ihm jetzt. Vielleicht, daß sein Kaiser Friedrich II. zu bewegen war, ihn gegen Dänenschwert und Dänentücke zu beschützen. Er eilt zum Hohenstaufen, der so eben, am 22. November vom Papste gekrönt war und sich noch in der Nähe von Rom aufhielt. Er schildert ihm das Elend seiner Lage, erinnert ihn, daß seine livischen Lande, durch deutsche Kraft erworben, dem deutschen Reiche angehörten. Doch Friedrich konnte ihm nicht helfen. Er hatte dem Papste sein kaiserliches Wort verpfändet, schon mit dem nächsten Frühling den hartbedrängten Christen im Morgenlande zu Hülfe zu eilen, und bevor er nicht das schwere Wort gelöst hatte, war weder der Besitz der reichen unteritalienischen Lande noch seine Kaiserkrone ihm gesichert.

So schwand auch diese Hoffnung. Es war die letzte.

Kein Mittel hatte Albert unversucht gelassen, um hier, in diesem ungleichen Kampfe mit dem nordischen Könige die Ehre seiner Kirche, wie seines deutschen Vaterlandes zu wahren. Doch mit erbarmungsloser Härte war ihm ein tragisches Geschick bei jedem Schritte in den Weg getreten. Sein römischer Gebieter hatte ihn verlassen. Sein Kaiser ihn zurückgewiesen. Mit dem erzbischöflichen Stuhle in Bremen war er seit Jahren schuldlos verfeindet. Jede Möglichkeit, jetzt nach Livland über Lübeck heimzukehren, war ihm abgeschnitten. Dem Werke, das er selbst geschaffen, dem er mit treuster Sorge zwei und zwanzig lange Jahre vorgestanden, drohte Siechthum und Verderben, denn so eben hatte Waldemar an Lübecks Bürger den Befehl erlassen, nicht eher wieder einen Pilger nach Livland zu befördern, als bis der zähe Albert sich mit ihm verständigt haben würde.

Mit sicherer Hand spann König Waldemar die feinen Fäden seiner Politik. Bei jedem Tritte, den der Bischof that, zog sich ein neuer Schlingenknoten zu. Bald war der edle Greis von allen Seiten umgarnt. Kein Rückweg stand ihm offen. Kein Retter wollte nahen, ihn zu erlösen. Ihm blieb am Ende nichts anderes übrig, als sich dem königlichen Gegner in die Arme zu werfen. Darauf nur lauerte Waldemar. Und Albert that den schweren Schritt. Stolz im Bewußtsein, vollkommen selbstlos hier zu handeln, geht er nach Dännemark. Der treue Bruder Herrmann ist sein einziger Begleiter. Sein Plan steht fest: freiwillig stellt er ganz Livland nebst dem Estenlande unter dänische

Hoheit. Das war groß gehandelt. Das war des Staats-
manns würdig. Man irrt, wenn man ihn nachgiebiger
Schwäche oder Kleinmuths zeiht. Ihm stand sein Livland
höher, als sein eigener Ruhm. Mochte sich auch auf
Augenblicke sein Innerstes dagegen sträuben, ihm blieb
kein anderer Ausweg, um seinen Arm und seinen Geist
der baltischen Gemeinde zu erhalten. Durch diesen Schritt
erwirkte er sich die ungehinderte Rückkehr.

Vielleicht aufrichtig, vielleicht im Stillen auf den Stolz
und Muth der Seinen bauend, hatte Albert jedoch bei der
Verhandlung mit dem Könige als Vorbehalt sich ausbe-
dungen, daß es zur Ausführung des Vertrages der Einwilligung der Rigaer, Liven, Letten und der gesammten
dortigen Geistlichkeit bedürfe. Darauf war Waldemar
bereitwillig eingegangen. Hatte er doch mehr erreicht, als
er je mit aller Kühnheit hatte hoffen dürfen, zu erlangen.
Schon im folgenden Jahre sandte er den Ritter Gottschalk
nach Riga, der in des Königs Namen Livland übernehmen
und aller Orten die neue dänische Verwaltung einführen
sollte.

Hier aber waren inzwischen gewichtige Dinge vorge-
fallen. Gleich nachdem Albert in seinem treuen Riga angelangt war, hatte sich die Kunde von dem Vertrage mit
dem Könige durch das ganze Land verbreitet und überall
die größte Mißstimmung und Erbitterung hervorgerufen.
Der Gedanke, daß man den Feind des Bischofs künftig
als Oberherrn anerkennen solle, war allen Deutschen un-
erträglich. Einstimmig erklärte die gesammte Geistlichkeit

nebst den Bürgern, den fremden Kaufleuten, den Liven und den Letten, daß sie eher das Land verlassen würden, als dem Dänen huldigen.

In Alberts Seele erwachten neue Hoffnungen, die sich bald noch glänzender erhoben. Denn während so in Livland das ganze Volk dem Bischof die untrüglichsten Beweise von Treue und Anhänglichkeit gab, trafen plötzlich Boten vom dänischen Erzbischof Andreas in Riga ein mit der Nachricht, die wilden Oeselaner hätten ihn vierzehn Tage lang in Reval belagert und ihn so viel Leiden ausstehen lassen, daß er der Feinde kaum habe Herr werden können. Man sehe dort ein, daß man enge mit den Rigaern zusammenhalten müsse, um den Esten, Russen und anderen Nachbaren widerstehen zu können. Gern sei er bereit, den Livländern ihre alte Freiheit zu lassen, wenn sie ein Bündniß mit ihm schließen wollten. Darauf ging Albert willig ein. Durch die Macht der Umstände wie durch den Gesammtwillen seines Volkes war er jeder weiteren Verpflichtung gegen Waldemar enthoben. Als daher im folgenden Jahre 1221 der Ritter Gottschalk in Riga erschien, wollte dort Niemand etwas von dem königlich dänischen Bevollmächtigten wissen. Unverrichteter Sache schickte er sich bald zur Heimfahrt an; fand unter dem aufgebrachten rigischen Volke nicht einmal einen Steuermann, der ihn über die Ostsee geleiten wollte. Seinem Könige aber mochte er nach seiner endlichen Ankunft eine so getreue Darstellung von der Stimmung in den baltischen Landen machen, daß diesem alle Lust verging, sich die Herrschaft über Livland und seine störrigen Bewohner zu erzwingen. Denn als Waldemar im Jahre 1222 auf der Insel Oesel, wohin ihn eben damals neuer Unternehmungsgeist geführt hatte, mit dem Bischof Albert zusammentraf, um hier die streitigen Angelegenheiten zu beseitigen, wagte der König an dem Vertrage, den Erzbischof Andreas ohne sein Vorwissen mit den Rigaern abgeschlossen hatte, nichts zu ändern, bestätigte den Livländern ihre Freiheit und Unabhängigkeit und mußte sich sogar dazu bequemen, die Herrschaftsrechte des deutschen Bischofs und des Ordens im ganzen Süden des Estenlandes in Saccala und Ungannien anzuerkennen.

Nur der Norden und Westen, die Provinzen Jerwen, Wirrien, Harrien, Reval, Rotalien und die Wyk blieben in des Königs Händen.

V.

Während von Dänen wie von Deutschen mit schranken-
loser Willkür das Loos der Knechtschaft über die Bewohner
dieser Länderstrecken geworfen wurde und nur mit Mühe
sich die Herrschsucht jener fremden Krieger hinter dem
»Heiligenscheine der Religion« verbarg, gährten Haß und
Racheluft fort und fort in allen Tiefen des kräftigen estnischen Nationalcharakters und noch einmal erhob sich jetzt
aus dem Dunkel ihrer Waldungen und Verstecke und von
den Höhen ihrer Festen der unheimliche Waffenruf zum
Befreiungskampfe von dem Joche der Fremden.

Den Anlaß zu dieser neuen Bewegung gaben die Bewohner der Insel Oesel. Dort hatte Waldemar vor seiner
Abreise ein festes steinernes Schloß aufführen lassen. Eine
starke Besatzung war hineingelegt. So hoffte der König
die Ruhe auf der weiten Insel aufrecht erhalten zu können.
Aber kaum war er mit seinem Geschwader in See gegangen, so unternahmen die Oeselaner einen wilden Angriff
auf die verhaßte dänische Zwingburg. Ihren Feinden selbst
hatten sie die Kunst, Wurfmaschinen zu bauen, abgesehen

und bald wußten sie dieselben mit so gutem Erfolge anzu=
wenden, daß die eingeschlossenen Dänen sich bereit erklärten,
die Feste und die Insel zu verlassen, wenn man ihnen freien
Abzug gewähren wolle. Hierauf gingen die Oeselaner ohne
Weiteres ein. Die Dänen verließen die Feste, eilten zu
ihren Schiffen und setzten damit nach Reval über. Die
heidnischen Sieger aber fielen über das Schloß her und
verwüsteten dasselbe bis auf den Grund. »Kein Stein
blieb auf dem anderen.«

Dieser unverhoffte Sieg ward das Signal zu einem
allgemeinen Aufstande des Estenvolkes. Aller Orten fielen
sie plötzlich über ihre christlichen Dränger her. Auf dem
Schlosse Fellin, was die Saccalaner und Schwertbrüder
gemeinschaftlich besetzt hielten, wurden die Ritter an einem
Festtage, da so eben die Messe begonnen hatte, in der Kirche
überfallen, in Ketten geworfen oder niedergehauen. Die
mit dem Blute der Ritter gerötheten Schwerter senden die
Esten als Siegeszeichen den Unganniern nach Dorpat, um
diese zu gleichen Thaten anzureizen. In Jerwen martern
sie den dänischen Voigt nebst seinen Leuten zu Tode. Die
auf den christlichen Kirchhöfen ruhenden Leichen ihrer Stam=
mesgenossen scharren sie aus, um sie, dem heidnischen Ge=
brauche der Väter gemäß, nachträglich noch im heiligen
Feuer zu verbrennen. Ihre Wohnungen aber kehren sie
mit Wasser und Besen aus, um jede Spur des verhaßten
Christenthumes abzuwaschen.

Schon sind ihre Boten auch nach Novgorod abgegangen,
um Schutz und Hülfe zu fordern. Bald rückt ein Heer

von dort in Estland ein. Fellin, Odempä und Dorpat werden von den Russen besetzt und in den Fürstenthümern Susdal und Pleskow wird ein anderes Heer von 20000 Mann bereit gehalten, um jeden Augenblick den Esten zu Hülfe eilen zu können.

Die Schnelligkeit mit welcher alles dies ins Werk gesetzt wurde, machte es den Deutschen unmöglich, trotz der Erbitterung, welche in Riga wie im ganzen Livenlande herrschte, sogleich mit starker Waffenmacht gegen die Aufrührer einzuschreiten. Das Jahr 1222 verlief daher unter kleinen Gefechten an der Grenze zwischen den Esten und Rittern. Als aber im folgenden Jahre die Feinde, durch diese Zögerung kühn gemacht, sich immer weiter ins Livenland hineinwagten, und immer neue Kunde von ihrer Verwegenheit nach Riga gelangte, da säumte man auch hier nicht länger. Rasch griffen Alle jetzt zu ihren Waffen, »nach ihren Säcken, Brod und Kleidern« und zu Pferde und zu Fuß zogen nun die Schwertbrüder, Pilger und Kaufleute nebst Liven und Letten in hellen Haufen gen Norden. Fellin wird umstellt. Nach vierzehntägiger Belagerung muß sich die Besatzung ergeben. Die gefangenen Esten nehmen wieder die Taufe an, die Russen aber erhenkt man vor der Burg zur Strafe für ihre dienstfertige Bundesgenossenschaft.

In den dänischen Besitzungen hatte jedoch mittlerweile die Bewegung eine immer gefährlichere Gestalt angenommen. Die Fürsten von Susdal und Pleskow waren mit gewaltigen Heeresmassen vor Reval gerückt und obgleich sie sich

nach einer vierwöchentlichen vergeblichen Belagerung wieder
zurückgezogen hatten, so war doch dadurch den Esten in den
umliegenden Landschaften Zeit gegeben, um jetzt mit frischer
Kraft gegen ihre Herren loszubrechen.

Eingedenk des Vertrages, welchen Albert mit dem Erzbischof geschlossen hatte, brachen daher noch um Weihnacht
die Ritter nach Harrien auf, wo sie auch bald vom Glücke
begünstigt, den Dänen zeigten, daß nur ein fester Anschluß
an die Deutschen im Stande wäre, ihnen den Besitz im
baltischen Lande zu sichern.

So ging man unter blutigen Kämpfen in das Jahr 1224
hinüber, das den Waffen der Deutschen noch glänzenderen
Ruhm als das vergangene Kriegsjahr verleihen sollte. Denn
droben in Ungannien am Embachflusse hatte die vereinte
Macht der Feinde noch die feste Burg zu Dorpat inne und
um dieses Hauptbollwerk des estnischen Heldenthums endlich
für alle Zeit mit einem kühnen Schlage zu vernichten, erließ der Bischof Albert jetzt durch das ganze Livenland so
wie nach allen Ritterburgen das Aufgebot zu einer neuen
Heerfahrt gegen Norden. Mit unermüdlichem Eifer kam
man seinen Befehlen nach. Etwa gegen Anfang des Mo-
nats August waren die Rüstungen vollendet, und bei dem
bekannten Sammelplatze an den Ufern des Astigerwe, des
heutigen See Burteneck trafen von nah' und fern die Rotten
der Deutschen, Liven und Letten zahlreich ein. Albert selbst
erschien dort mit der gesammten höheren Geistlichkeit um
nach gewohnter Weise in einem allgemeinen Kriegsrathe
den Plan zu dem bevorstehenden Feldzuge zu entwerfen.

Nachdem die Berathungen vollendet waren, und man die üblichen feierlichen Handlungen vorgenommen hatte, setzte sich der Vortrab des Heeres in Bewegung, wie es scheint, um Lebensmittel einzutreiben und die Ortsgelegenheit auszukundschaften. Ihm folgte bald die eigentliche Hauptmacht und mit dieser zog Albert am Tage Mariä Himmelfahrt, am 15. August, in die weiten Ebenen ein, welche die stolze Estenburg von allen Seiten umgaben.

Ohne Säumen wird hier der Lagerplatz abgemessen und während ein Theil des Heeres an den Zelten und Ställen arbeitet, ist schon ein anderer Theil in die benachbarten Waldungen abgeschickt, um Holz zu fällen zum Bau der großen Patherellen, Sturmschweine und Sturmigel und anderer Wurfgeschütze und Belagerungsmaschinen, die man auf dem weiten Marsche nicht mit sich hatte führen können. Die meiste Sorgfalt verwandte man aber gleich anfangs auf die Errichtung eines beweglichen, hölzernen Thurmgerüstes, welches in gleicher Höhe mit den Ringmauern der feindlichen Burg aufgeführt werden mußte, um dann nach Römersitte, die Vertheidiger im Innern der Feste wirksamer und sicherer beschießen zu können.

An ein Berennen der Thore und Festungsmauern mit Sturmmaschinen und Mauerbrechern, wie man sie noch in damaliger Zeit auch nach dem Vorbilde der kriegskundigen Alten anzuwenden pflegte, war nämlich wegen der hohen und steilen Lage der Burg nicht zu denken. Hier war nichts anderes zu machen, als von der Ebene aus die Schleudermaschinen und von der Höhe des Thurmes die Bogen

schützen wirken zu lassen, um so vorerst im Innern der
Feste die größtmöglichste Verwüstung anzurichten. Waren
dann die Vertheidiger von den Festungsmauern verscheucht,
so konnte man einen Sturm mit Leitern wagen.

Während voller acht Tage wird unausgesetzt an der
Errichtung des Thurmes gearbeitet. Die größten und
stärksten Bäume werden zusammengezimmert, um ihm die
gehörige Festigkeit zu geben. Denn im Jahre 1212 war
es bei der Belagerung der Livenfeste Thorelda vorgekommen,
daß ein solches Gerüste durch einen heftigen Windstoß zer-
trümmert war, und der Fall mochte den Deutschen noch
wohl erinnerlich sein.

Endlich ist der riesige Bau fertig. An einer geeigneten
Stelle wird der Festungsgraben mit Faschinen und Holz-
werk ausgefüllt, der Thurm, über diese Brücke weg, hart
an den Fuß des Burgberges gerollt und nun Tag und
Nacht gegraben und geschaufelt, um die eine Seite des
Berges abzutragen und das hohe Thurmgerüste mit seinen
muthigen Bogenschützen immer tiefer in diese Aushöhlung
hinein allmählich bis dicht an die Festungsmauern zu
bringen.

Zu gleicher Zeit arbeiten aber auch unaufhörlich die
Patherellen und anderen Wurfgeschütze und während die
geübten Bogenschützen der Russen manch' tödtlichen Pfeil
in das Lager der Deutschen senden, schleudern diese von
allen Seiten mit Hülfe ihrer großen Maschinen Steine,
glühende Eisenstücke und Töpfe, die mit brennbaren Stoffen
angefüllt sind, in das Innere der Festung.

So verstrich eine lange Zeit. Ganze Tage hindurch wurde ohne Unterlaß gekämpft, und wenn es dann zu dunkeln begann, und das Kriegsgetöse allmählich verstummte, dann erhob sich auf der weiten Ebene wie innerhalb der Estenburg ein anderes Toben und Lärmen. Bei dem hellen Scheine der Lagerfeuer erscholl dann die kriegerische Musik der Deutschen. Das lustige Pfeisen und Flötenspiel begleiteten die dumpfen Töne ihrer Pauken und schienen den müden Ritter zu neuen Thaten beleben zu wollen. Und während die Liven und Letten ihre wilden Waffenspiele aufführten und dabei mit den Schwertern gegen ihre Schilde schlugen, schmetterten von Dorpat herüber die Kriegstrompeten der Russen weithin durch die Stille der nordischen Nacht, als ob sie dem Feinde zeigen wollten, daß ihr Muth noch ungeschwächt sei.

Kein Ende des Kampfes war hier abzusehen. Wohl rückte der Thurm immer näher an die Feste heran aber auch die Esten und Russen ließen es an mannhaften Widerstand nicht fehlen und mit den Schleudermaschinen, die sie in Fellin und Odempä von den Deutschen erbeutet hatten, wußten sie aufs sicherste und erfolgreichste umzugehen.

Endlich traten die Belagerer zu einem neuen Kriegsrathe zusammen. Einer ihrer vornehmsten Führer Frethehelm von Poch räth, nicht länger zu zögern, sondern einen allgemeinen Sturm zu wagen. Der Vorschlag findet Beifall. Schon der folgende Morgen wird zur Ausführung desselben angesetzt. Mit der neunten Stunde soll der Sturm beginnen.

Der Tag bricht an. Die Frühmesse wird abgehalten. Der Augenblick der Entscheidung naht.

Zufällig haben im Laufe der Nacht die Esten ungewöhnlich große Anstalten getroffen, um das Thurmgerüste der Deutschen in Brand zu stecken. In die Festungsmauer ist eine weite Oeffnung gemacht, durch die sie unaufhörlich Feuerräder und trockene Holzbündel auf den feindlichen Bau schleudern. Aber dessen haben die Vertheidiger sich bereits vorgesehen. Mit großer Behändigkeit treffen diese die nöthigen Vorkehrungen zum Löschen, wo das Gerüste Feuer gefangen hat, und vernichten die gefährlichen Räder. Mittlerweile hat ein anderer Theil des Belagerungsheeres sich einer Festungsbrücke genähert, um diese in Brand zu stecken, was aber die Wache vom Thor aus zu verhindern sucht. So war die Besatzung der Burg nach verschiedenen Seiten hin beschäftigt.

Da plötzlich schwingt sich ein Ritter, den günstigen Augenblick benutzend, auf die Sturmleiter. In der einen Hand hält er hoch einen Feuerbrand als Zeichen für die Seinen; die andere hat er frei, um sicher den Wall zu erklimmen. Es ist des Bischofs ritterlicher Bruder, Johannes von Burhövden, auch von Appeldern genannt. Sein Knappe Peter Ogus ist der Erste, der seinem kühnen Herrn folgt. Bald haben Beide die Bergeshöhe erreicht. Nun folgt die übrige Schaar der Deutschen nach. Von allen Seiten werden Sturmleitern angesetzt. Die Einen klettern über die Mauern, die Andern dringen durch die weite Oeffnung, die nächtens von den Esten selbst gemacht war.

Schon haben auch die Liven und Letten zu stürmen begonnen. Immer neue Rotten langen droben an. Im
Innern der Feste entspinnt sich mittlerweile ein blutiger
Kampf. Schonungslos wüthet hier das deutsche Schwert.
Von den schweren Lanzen der Ritter durchbohrt sinkt mancher tapfere Este. Am längsten widerstehen die Russen.
Endlich weichen auch diese und suchen durch rasche Flucht
zu entkommen. Aber die Feste ist rings von allen Seiten
umstellt. Auf der Ebene angekommen werden die Fliehenden von den Wachen niedergehauen. Mehr als zweihundert Russenleichen bedeckten das Blachfeld. Unter den
Gefallenen fand man auch die Leiche Wseslaws, jenes treulosen Fürsten von Kukenois, der lange Jahre mit schuld-
beladenem Herzen fern von der Heimath zugebracht, um
hier in Dorpat, wo er so eben mit neuem Herrscherglanze
als Statthalter Novgorods sich umgeben wollte, dem rächen-
den Geschicke zu erliegen. Die Feste selbst ward allgemeiner
Plünderung preisgegeben und dann in Brand gesteckt.

Nur ein Mann, sagt die Chronik, ein Vasall des Fürsten von Susdal, blieb von der ganzen männlichen Besatzung
am Leben. Dem schenkten die Ritter seine Freiheit und
gaben ihm nebst seiner Rüstung einen tüchtigen Renner,
damit er in die Heimath eilen und seinem Herrn, so wie
in Novgorod und in allen Russenlanden erzählen könne
was geschehen sei. Dort freilich mochte Seiner die Botschaft von noch trüberem Mißgeschicke harren: Am 31. Mai
desselben Jahres 1224 war in den Dnieperebenen die
weltkundige Völkerschlacht am Kalkafluß geschlagen, wo

»zehntausend Söhne Kiews nebst sechsen ihrer Fürsten und
siebenzig der ersten Ritter« von den asiatischen Horden
Dschingiskans vernichtet waren. Das Russenreich stand
am Vorabende einer langen Nacht von Trübsal und Er-
niedrigung, die bald mit der Barbarei und Herrschaft der
Mongolen aus den Steppen Innerasiens hereinbrechend
sich während zwei Jahrhunderte über die weiten Ebenen
Osteuropas lagerte.

Der rigische Bischof aber zog siegekrönt von dem
zerstörten Dorpat mit seinen Mannen nach Livland heim.
Ungannien war wieder in der Hand der Deutschen. Im
ganzen Estenlande herrschte ringsum tiefe Ruhe. Durch
einen sechszehnjährigen Krieg war endlich die letzte Kraft
des Volkes gebrochen, das nimmer wieder sich zu erheben
wagte. Auch Rußland schien zum Frieden hinzuneigen.
Bald trafen die Gesandten Novgorods und Pleskows in
Riga ein, um sich mit Albert zu verständigen und Frie-
densbündnisse mit ihm einzugehen. Die Dänen aber saßen
rath- und hülflos da, seitdem ihr König Waldemar Jahrs
zuvor in jener sechsten Maiennacht, vom Grafen Heinrich
von Schwerin, dem tiefgekränkten Vasallen, nach einer fröh-
lichen Jagdpartie auf der Insel Lyöe, unweit Fühnen, plötzlich aufgehoben war und nun noch immer, trotz aller Ein-
sprüche, die vom römischen Hofe gegen diese kecke That
geschehen, auf Dannenbergs festem Bergschlosse seine Tage
in träger Haft hinschleppen mußte. Schon wenige Monde
früher hatte auch der Erzbischof Andreas, schwer krank,
von seinem theueren Reval Abschied genommen, um, tief-

gebeugt, verlustig seiner hohen Würden, daheim in thaten-
loser Muße sein Leben zu beschließen.

Von keiner Seite gehindert begannen daher jetzt die
Deutschen sich von Neuem in dem wiedererlangten Besitze
herrschaftlich einzurichten. Den tapferen Schwertrittern war
bereits als wohlerworbener Kampfespreis ein Theil der
Provinz Waiga am Peipussee nebst dem ganzen Lande
der Saccalaner zugefallen. Fellin ward stärker als zuvor
befestigt und prangte bald neben Wenden und Segewold
als dritte Burg des stolzen Ordens. Ungannien räumte
Albert seinem Bruder Herrmann ein, dem Vielgeprüften,
der nach vier Jahre langem Harren jetzt endlich sich mit
voller Kraft dem nordischen Bekehrungswerke weihen durfte.
Dorpat erkor er sich zu seinem Bischofssitze, und dort auf
jenem Berge, der noch so eben der Schauplatz wilden Kampfes gewesen war, stieg rasch als Friedenszeichen für das
ganze Land des Bischofs Kathedrale in voller Majestät
empor. Das Domcapitel ward eingerichtet. Vier und
zwanzig Dorfschaften zehnteten dem neuen Gebieter. Alles
übrige Land vertheilte Herrmann unter seine Priester, die
er mit sich geführt hatte und unter die vier deutschen Ritter
Johann von Dolen, Helmold von Lüneburg, Engelbert
von Tiesenhusen und seinen Bruder Dietrich von Burhövden, die als Lehnsmannen der dorptschen Kirche verpflichtet wurden, Odempä zu befestigen und mit starker
Waffenmacht zu besetzen. Auch der Theil des Waiga-
landes, der nicht dem Orden zugefallen war, kam unter
die Herrschaft dieses neuen Sprengels. Einen andern

Bischofssitz hatte Albert schon früher im Westen Estlands zu Leal eingerichtet. Ein dritter ihm untergebener Bischof endlich leitete seit dem Jahre 1218 die geistlichen Angelegenheiten im Lande der Semgallen. Für seine rigische Kirche selbst nahm Albert die Strandwyck im Nordwesten Estlands in Besitz. So waren die Verhältnisse in den deutschen Besitzungen überall geordnet.

Den Dänen ließ man Reval, Rotalien, Harrien, Wirrien und Jerwen. Hier aber bereiteten sich schon neue Bewegungen vor, die bald zur völligen Schwächung der dänischen Herrschaft führten.

Das hohe Ansehen, zu welchem die rigische Kirche nach der Bezwingung Estlands im ganzen Norden gelangt war, hatte um eben diese Zeit den Papst veranlaßt, einen Legaten nach Livland zu schicken, der ihm genaue Kunde über die dortigen Zustände verschaffen sollte. Mit dieser Sendung war der römische Kanzler, Bischof Wilhelm von Modena, betraut worden. Schon im Jahre 1225 langte der hohe Kirchenfürst in Riga an. In Begleitung Alberts hielt er alsbald von hier aus einen Umzug durch das ganze Land, ermahnte aller Orten die neuen Gemeinden zur treuen Anhänglichkeit an den christlichen Glauben, ordnete die Gebietsstreitigkeiten, die noch zwischen Geistlichkeit und Orden obwalteten und begab sich dann nach Riga zurück.

Kaum ist er hier eingetroffen, als man vernimmt, daß neue Feindseligkeiten zwischen Dänen und Deutschen im Norden Estlands ausgebrochen seien. Zur Herbstzeit war

eine Schaar deutscher Ritter ins dänische Wirrien eingefallen, wie es hieß »auf Bitten der Stammesältesten« der
dortigen estnischen Bevölkerung, hatte sich der reichen Provinz bemächtigt, alle festen Plätze in Besitz genommen und
die früheren Herren aus dem Lande gejagt.

Fürwahr ein Unternehmen seltener Keckheit, das, vor
den Augen des päpstlichen Gesandten ausgeführt, nicht un-
geahndet bleiben konnte. Und trefflich wußte der Legat
nicht nur das Ansehen seines Herren hier zu wahren,
sondern den ganzen Vorfall sogleich zum Nutzen der römischen Curie auszubeuten. Kraft seiner Vollmacht befahl er
jenen deutschen Rittern, Wirrien in seine Hand zu übergeben und stellte, um weiteren Ruhestörungen vorzubeugen,
die dänischen Lande Harrien, Jerwen und Rotalien auf
unbestimmte Zeit unter die unmittelbare Botmäßigkeit des
Papstes. Weder die Dänen noch die Deutschen wagten
dagegen etwas einzuwenden. Die Provinzen wurden von
ihnen geräumt, der Legat sandte seine Leute und seine Priester dorthin und ein von ihm ernannter geistlicher Statthalter übernahm nun die Verwaltung jener Lande.

Bei dem ganzen Handel stand der Däne sich am
schlimmsten, denn ihm blieb jetzt in Estland nur noch die
Feste Reval.

Das geschah im Laufe des Jahres 1225. Um Weihnacht sah Waldemar nach einer Gefangenschaft von zwei
und einem halben Jahre sein Dännemark wieder. Er
hatte endlich dem Grafen Heinrich von Schwerin nach
langwierigen Unterhandlungen alles Verlangte zugestanden,

um sich der unwürdigen Fesseln zu entladen. Die Opfer, die er für seine Freiheit eingesetzt, wogen freilich schwer, jedoch nicht minder schwer die anderweitigen Verluste, von denen während der langen Haft des Königs die Dänenmacht getroffen war. Das junge Lübeck hatte ihrer Herrschaft sich entwunden. Auf alle deutschen Reichslande zwischen Eider und Elbe nebst den Slavenlanden hatte Waldemar verzichten müssen; so wollte es der »schwarze Graf«. Nachträglich sollte er diesem noch ein Lösegeld von 45000 Thlr. auszahlen. Und zu alle dem Estland, sein schönes baltisches Besitzthum — vom Papste selbst ihm jetzt entrissen! Das war zu viel für Waldemars stolzes Herz. Noch fühlte er sich Manns genug, um mit dem Schwerte wiederzugewinnen, was ihm des Schicksals Macht geraubt. Ein Heer ward ausgerüstet. Den Norden Deutschlands wollte er zuerst die Stärke seines Armes fühlen lassen. Doch auf der sandigen Ebene bei Bornhövd in Holstein, wo zu den Heeren des Grafen Heinrich und des Sachsenherzogs die Lübecker unter ihrem Bürgermeister Alexander von Soltwedel gestoßen waren, traf den Dänenkönig am 22. Juli des Jahres 1227 noch einmal die volle Ungunst des Geschicks. Sein Heer ward aufgerieben. Er selbst verwundet, entkam nur durch Zufall einer abermaligen Gefangenschaft. Und neue Trübsal wälzte sich über sein schönes Inselreich.

Daß fast gleichzeitig Reval, die letzte dänische Besitzung im Estenlande verloren ging, mochte den schwer gebeugten Fürsten kaum berühren. Uebrigens lag hier die Schuld

an den Dänen selbst und unbegreiflich war der Uebermuth,
mit dem sie den Befehlen des römischen Legaten entgegen-
zutreten wagten. Als nämlich kaum die erste Kunde von
Waldemars Befreiung aus der Dannenberger Haft in Reval angelangt sein konnte, regte sich dort plötzlich wieder
der alte Kriegsmuth in den Dänen und rasch ward jetzt
ein Einfall in dieselben Lande unternommen, die sie so
eben freiwillig dem päpstlichen Gesandten übergeben hatten.
Ward hierdurch schon der Bischof Wilhelm von Modena
verstimmt, so war das nächste Unternehmen der Dänen
noch weniger geeignet, sie mit dem hohen Herren zu ver-
söhnen. Denn um die Deutschen am weiteren Vordringen
und an der Ausbreitung ihrer Herrschaft in den baltischen
Landen zu verhindern, schickten die Dänen bald darauf
einen Gesandten an den Ordensmeister der Schwertritter,
der diesem »im Namen des Papstes« befahl, sich für die
nächste Zeit aller Feindseligkeiten gegen die Heiden zu enthalten. Als man aber die päpstliche Vollmacht dieses Gesandten prüfte, fand sichs, daß sie verfälscht war. Das
freilich hieß, das Oberhaupt der Christenheit aufs frechste
verhöhnen. Vom Papste selbst erging jetzt die Aufforderung
an die Deutschen, sich Revals zu bemächtigen und die Dänen
zu vertreiben. Rasch kam man dem hohen Befehle nach.
Die Feste ward genommen. Die Besatzung erhielt freien
Abzug. Der letzte Rest der Dänenherrschaft im Estenlande
war vernichtet.

Während sich so das Glück den Deutschen im ganzen
baltischen Norden immer günstiger erwies, zog ihr Kaiser

Friedrich II. in Unteritalien umher, beladen mit dem Banne des Papstes.

Noch immer hatte er den längst versprochenen Kreuzzug nicht unternommen. Zu S. Germano hatte ihm Honorius als letzte Frist den August des Jahres 1227 gestellt; war er dann nicht abgesegelt, so sollte ihn der Bannfluch treffen. Darauf war Friedrich eingegangen. Doch immer neue Schwierigkeiten häuften sich vor ihm; die nöthige Mannschaft war nicht aufzubringen. Das Jahr brach an und noch waren die Rüstungen nicht vollendet. Im Stillen mochte Friedrich auf die bekannte Milde des Papstes bauen. Aber am 18. März starb Honorius. Ihm folgte Gregor IX., der mit neuen Drohungen den Hohenstaufen an sein Versprechen mahnt. Wohl scheut jetzt Friedrich keine Mühe. Immer neue Krieger ziehen ihm zu nach Brundusium. Aber Hitze und Seuchen lichten rasch ihre Reihen. So geht der August zu Ende. Die Frist ist abgelaufen. Noch verläßt den Kaiser die Hoffnung nicht. Er will nicht wortbrüchig vor dem starren Papst erscheinen. Anfangs September schifft er sich ein. Doch kaum in See, erkrankt er und muß eilen, die Küste wiederzugewinnen, um in den Bädern von Puzzuoli sich herzustellen. Das hält Gregor für eine Lüge. Seine Geduld ist erschöpft. Am 29. September erfüllt er ungerechter Weise seine Drohung. Deutschlands Kaiser ist im Bann.

Mochte der Schmerz über diese Ereignisse im deutschen Reiche ein getheilter sein, unter den baltischen Deutschen mußten sie tiefe Entrüstung hervorrufen. Denn hier waren

eben damals die Beziehungen zum Mutterlande und zum
Hohenstaufenhause enger als zuvor geknüpft und von dem
Kaiser wie von seinem Sohne Heinrich, der während des
Vaters Abwesenheit zum deutschen Kaiser erwählt war,
hatten zu wiederholten Malen der Bischof und der Orden
jener nordischen Niederlassung die unzweideutigsten Beweise
hoher Huld und Anerkennung erhalten. Hatte auch Friedrich, den ganz zu verstehen, weder die Mitwelt noch die
späteren Jahrhunderte vermochten, hatte er auch im Jahre
1220, durch die Macht der Verhältnisse gedrängt, dem
treuen Bischof Albert für den Augenblick jede Hülfe ver-
sagen müssen, das deutsche Livland hielt er dennoch fest im
Auge. Inmitten der lombardischen Kämpfe und Wirren
des Frühjahrs 1226 beräth er sich in Parma mit dem zu
ihm gesandten lübecker Domherrn Johann Volkarson und
zweien anderen Bürgern jener deutschen Stadt über die
baltischen Verhältnisse und bestätigt von Italien aus in
einem kaiserlichen Briefe dem Ordensmeister der Schwertritter für alle Zeiten die Herrschaftsrechte in den Ländereien, die diesem neuerdings vom Bischof waren eingeräumt
worden. Wenige Monate früher hatte bereits sein könig-
licher Sohn dem wohlverdienten Bischof Albert und dessen
Bruder die deutsche Reichsfürstenwürde feierlichst von Nürn-
berg aus zuerkannt. In dem bedrängnißvollen Jahre 1227
befiehlt dann Friedrich durch das ganze deutsche Reich,
daß Niemand bei Strafe von funfzig Mark reinen Goldes
den Orden in seinen Grenzen beunruhigen solle. Und
Jahrs darauf am 1. Juli schenkt König Heinrich dem

Orden das so eben eroberte Reval, nebst Jerwen, Harrien und Wirrien.

Das waren freilich keine Thaten; es sind nur pergamentne Briefe, die bald verblichen und vergessen sind. Uns aber bleiben es werthvolle Zeichen einer längst geschwundenen großen Zeit, wo noch ein festes Band das deutsche Livland mit der deutschen Heimath einte, wo sich das Nationalgefühl der Deutschen am stolzen Hohenstaufenstamme mächtig emporschwang, und wo ein Kaiser über uns gebot, der verfolgt vom Unglück und vom Neide zahlloser Feinde, es dennoch keinen Augenblick vergaß, was er den Manen Barbarossas, was er dem Ruhme und der Ehre seines Volkes schuldete.

Von allen Gaben aber, die in jenen Tagen edler Begeistrung der Genius Deutschlands seinen gen Norden ziehenden Söhnen als theures Kleinod anvertraute, ist neben deutscher Sitte, Thatkraft, Frömmigkeit und Treue als köstlichste Mitgift das deutsche Recht zu nennen, das eben damals, um das Jahr 1228, in dem Sachsenspiegel vereinigt, auch dem baltischen Boden anvertraut wurde und hier gar bald nach allen Seiten tiefe Wurzeln schlug. Die gaben für die kommenden Jahrhunderte dort im Norden dem deutschen Wesen Kraft und immer neues Leben.

Mochte jetzt auch König Waldemar im Zorne über den Verlust von Reval, dem Strom der Kreuzfahrer, der sich so lange Zeit von Deutschland aus befruchtend über die baltischen Lande ergossen hatte, Hemmnisse aller Art entgegensetzen, schon war das deutsche Wesen im ganzen Liven-

wie im Eftenlande kräftig emporgewachfen und troß mancher Streitigkeiten zwifchen Geiftlichkeit und Orden doch
ftets geeinigt, fobald es galt, den Gegnern ihres Glaubens
und dem äußeren Feinde mannhaften Widerftand zu leiften.
Auf feinen Burgen an dem Dünaftrande, fo wie auf Wenden, Segewold, Fellin, Odempä, Treiden, Dorpat fühlte
der Ritter fich als deutfcher Mann und als Beherrfcher
des bezwungenen Landes. Schon waren feit der Erftür-
mung Dorpats neue Thaten vollführt. Durch einen Winterfeldzug des Jahres 1227 war die Infel Defel erobert und
für das Chriftenthum gewonnen. Bald darauf hatten die
Ritter einen glänzenden Sieg über die Litthauer erkämpft.
Bei allen umwohnenden Völkerfchaften erhielt der deutfche
Name neuen Klang und neue Würde. Als Jaroslaw von
Novgorod im Jahre 1226 an Pleskows Bürger die Forderung ftellte, vereint mit ihm gegen Riga zu ziehen, erhielt
er von den Bürgern jener ruffifchen Stadt zur Antwort:
»Wir find Verbündete der Deutfchen und kämpfen unter
dem Schuße der heiligen Jungfrau.« Drei Jahre fpäter
fendet dann der mächtige Fürft von Smolenfk feinen »beften
Priefter Jeremei und den verftändigen Mann Pantelei«
nach Riga und nach Gothland, um mit den dortigen Kaufleuten einen Handelsvertrag abzufchließen, wodurch die
Schiffahrt auf der ganzen Düna frei gegeben ward. Die
darüber ausgeftellte Urkunde hebt an mit dem Spruche:
»Was auf der Zeit beruht, vergeht mit der Zeit.« Als
Datum trägt fie das Jahr 1229.

Daffelbe Jahr ift aber anderweitig noch bedeutungsvoll:

Am 17. Januar starb der Bischof Albert. Die näheren Umstände, die das Ende dieses Mannes begleiteten, weiß Niemand anzugeben, zumal da der Priester Heinrich seine Chronik mit dem Jahre 1227 schließt, mithin vielleicht seinem Helden bereits vorangegangen war.

Dem Feldzuge, der in den ersten Wochen jenes Jahres gegen Oesel unternommen wurde, hatten sich noch beide angeschlossen. Heinrich schildert ihn als Augenzeuge mit lebhaften Farben. Es war strenger Winter. Schnee deckte die Erde, Eis die Gewässer. Die Oberfläche des Meeres-abgrundes war fest und das Wasser hart wie Stein, so daß der Weg über das gefrorene Meer besser als der Land-weg war. Fast 20,000 Mann hatten sich zu diesem Zuge gestellt. Ende Januar brach man auf. In verschiedene Haufen getheilt zog das gewaltige Heer zu Pferde, zu Fuß und zu Wagen über die zwei Meilen breite Meeresenge nach Oesel hinüber. Durch das Rasseln und das Gefahre der Wagen, das Stoßen mit den Waffen auf die Eisdecke und das Lärmen von Mann und Pferden, die hier und da auf der glatten Bahn fielen und sich wieder aufrichten muß-ten, entstand ein donnerähnliches Toben. Am neunten Tage langte endlich das Heer vor Mone an, der Hauptfeste der Oeselaner, die mit hohen Wällen umgeben und stark be-setzt war. Der erste Sturm den die Deutschen gleich nach ihrer Ankunft unternahmen, wurde zurückgeschlagen, da die Vertheidiger wohl gerüstet und die mit glattem Eise bedeck-ten Wälle schwer zu erklimmen waren. Trotz der scharfen Kälte mußte man sich daher bequemen, eine förmliche Belagerung zu beginnen, die Feste ringsum zu umstellen, einen hölzernen Thurm nebst den nöthigen Wurfmaschinen zu errichten und den Burgwall an einer Seite abzutragen. Nach sechs Tagen waren diese Vorarbeiten so weit gediehen, daß man einen zweiten Sturm unternehmen konnte, der dieses Mal auch glücklicher auslief. Denn nachdem es einigen kühnen Rittern gelungen war, mit Hülfe von Stricken und Leitern die Höhe der Festung zu ersteigen, und den zahlreich Nachstürmenden Bahn zu brechen, ward man auch bald Herr der inneren Burg. Die Besatzung wurde niedergemacht und die Feste in Brand gesteckt. Rascher zwang man Walde, den zweiten Platz der Insel, da die Vertheidiger erschreckt durch das Schicksal Mones nur schwachen Widerstand zu leisten wagten. Alle Strapazen, die mit dieser Unternehmung verbunden waren, theilte der greise Albert aufs Bereitwilligste mit seinen Kriegern und Geistlichen. Nach der Einnahme Waldes vollzog er selbst noch die Taufe an dem Sohne eines vornehmen Oeselaners, worauf dann von seinen Priestern das heidnische Volk scharenweise mit dem heiligen Wasser besprengt wurde. Erst als die ganze Insel getauft war, kehrten der Bischof und das Heer nach Riga zurück.

Hier bricht Heinrichs Erzählung ab. Zwei Jahre später starb Albert. Sein Leichnam ward in der Domkirche zu Riga beigesetzt. Ein reiches Leben, das während voller dreißig Jahre nur der Macht und Größe der baltischen Kirche geweiht gewesen war, erlosch mit ihm. Selbst im vorgerückten Greisenalter war seine Thatkraft nicht gebrochen, vor keinerlei Beschwerden sein starker Geist gewichen. Als er im Jahre 1224 gegen Dorpat zog, hatte er so eben seine siebenundzwanzigste Seereise zurückgelegt. Von da an verließ er höchst wahrscheinlich Livland nicht wieder. Drei-Male war er in Rom gewesen: zuerst im Jahre 1210, um sich mit Innocenz wegen der Ordensangelegenheiten der Schwertbrüder zu besprechen, dann im Jahre 1215 zur großen Kirchenversammlung und zuletzt in jenem trüben Jahre 1220. Auch Dännemark sah er zu drei verschiedenen Malen unter den verschiedenartigsten Umständen, in den Jahren 1199, 1218 und 1220. Mit König Waldemar traf Albert später noch einmal auf Dannenberg zusammen, als hier der stolze Gegner sich in der kränkenden Haft seines Vasallen befand. Das Ende seines Lebens weihte er, so weit uns dies bekannt ist, der inneren Verwaltung der mächtig angewachsenen Kirchenlande, wobei ihm seine Brüder treu zur Seite standen. Herrmann war Bischof von Ungannien, Rothmar, dessen Probst in Dorpat, Diedrich, der sich mit einer Tochter des Russenfürsten von Pleskow vermählt hatte, dorptscher Lehnsmann auf Odempä. Engelbert war bereits im Jahre 1208 als Probst des Doms in Riga gestorben. Des Priesters Salomon gedenkt Heinrich nur einmal. Johannes Name aber mochte seit jenem Sturm auf Dorpat im Munde aller seiner Kampfgenossen leben.

So strahlte glänzend der Name Burhövden im ganzen baltischen Norden und reichen Maßes war Ruhm und Ehre dem großen Bischof und den Seinen zugewogen. Nur die

Erfüllung eines Wunsches, der lange Albert beschäftigt hatte, war ihm versagt geblieben. Die Würde eines Erzbischofs über das gesammte Est= und Livland war ihm nicht ge= worden. Noch im Jahre 1223 scheint er sich deshalb wiederholt nach Rom gewandt zu haben. Doch vergebens. Vielleicht noch immer aus Rücksicht auf den Dänenkönig wollte Honorius das von Innocenz schon festgestellte Ver= hältniß der livischen Kirche zum päpstlichen Stuhle nicht geändert wissen. Dann muß noch einmal diese Angelegen= heit im Jahre 1225 zur Sprache gebracht worden sein. Denn eben damals schreibt Honorius seinem bevollmächtig= ten Gesandten, dem Bischof Wilhelm von Modena, der wohl mit rühmlichster Anerkennung von Alberts Wirksam= keit nach Rom berichtet hatte, »er möge reiflich an Ort und Stelle überlegen, ob es jetzt schon rathsam sei, jenen nordischen Landen einen eigenen Metropolitan zu geben.« Doch aus uns unbekannten Gründen blieb auch diesesmal Alberts Wunsch unerfüllt. Er starb als Bischof. Erst seinem zweiten Nachfolger ward siebenzehn Jahre später das erzbischöfliche Pallium zuerkannt.

Andrerseits aber war es auch der bremer Geistlichkeit trotz mancher Anstrengung nicht gelungen, die livische Kirche in das alte Unterthanenverhältniß zu ihrem Erzstifte zurück= zuführen. Noch im Jahre 1223 hatte Honorius von Neuem dem Erzbischof Gerhard II. nachdrücklichst untersagt, sich über das livische Bisthum Metropolitanrechte anzumaßen. All= zuviel Vorliebe und Zärtlichkeit empfand man überdies wohl niemals am römischen Hofe für jenes stolze Erzstift an der

Weser, das, in dem Boden des alten, kräftigen Sachsen=
volkes wurzelnd, zu sehr nach freier Machtentwickelung
trachtete und stets ungerne den Befehlen der ferngelegenen
Tiberstadt Folge leistete. Mochte daher auch Erzbischof
Gerhard im Jahre 1229 seinen Scholasticus Albert Sauer=
beer für den erledigten livischen Bischofssitz bestimmen, schon
hatte hier das rigische Domcapitel mit eigener Machtvoll=
kommenheit aus seiner Mitte den Stiftsherrn Nicolaus von
Magdeburg zum Nachfolger Alberts von Burhövden ein=
gesetzt und als die Bremer diese Wahl nicht gelten lassen
wollten, ward ihnen endlich vom Papste »Stillschweigen
auferlegt« und Nicolaus als Bischof anerkannt. Von jetzt
an machte Bremen keinen neuen Versuch, die livische Kirche
wiederzugewinnen.

VI.

Seit der Gründung der ersten christlichen Kirche am Dünaufer durch Meinhard war etwa ein halbes Jahrhundert verflossen. Fast alle Lande der Liven, Semgallen, Letten und Esten waren in diesem Zeitraume von den Deutschen unterjocht worden und für das Christenthum gewonnen. Den Dänen waren ihre Besitzungen in Estland wieder entwunden und theils dem rigischen Bischof, theils dem Orden der Schwertritter zugefallen. Neuerdings war auch die Insel Oesel der livischen Kirche einverleibt. Drei Jahre später ward in Curland ein Bischofssitz errichtet und eine Küstenlinie von etwa hundert und funfzig Meilen Ausdehnung mit tiefen Buchten und wohlgelegenen Landungsplätzen lud jetzt die wanderlustigen deutschen Kaufleute zu immer neuen Niederlassungen ein.

Gleichzeitig waren von Schweden und von Novgorod aus erfolgreiche Versuche zur Bekehrung der Karelen, Tawaster und der anderen Bewohner des heutigen Finnlands angestellt. Bereits ein Jahr, bevor die Dünamündung von bremischen Schiffern aufgefunden war, hatte der König Eric

an der finnischen Meeresküste einen festen Waffenplatz an-
gelegt, wahrscheinlich an derselben Stelle, wo späterhin die
Stadt Åbo gegründet wurde; und während sich von hieraus
die schwedische Kirche unter der besonderen Leitung des
Erzbischofs von Upsala des Westens jener Gegenden zu
bemächtigen suchte, drang von Osten her das griechische
Kreuz der Novgoroder immer siegreicher in das Innere des
Landes vor.

In den südlichen Küstengebieten der Ostsee aber war
schon vor dem Ausgange des zwölften Jahrhunderts das
wendische Heidenthum fast gänzlich ausgerottet. Was hier
nicht auf friedlichem Wege durch den Bekehrungseifer Ottos
von Bamberg und durch die Glaubensboten des magdeburgischen Erzstiftes für die christliche Lehre gewonnen war,
das hatten Heinrich der Löwe und die Dänenkönige durch
wiederholte Kreuzzüge gegen die Ranen und Pommern mit
Waffengewalt zur Annahme der Taufe gezwungen. Bereits
im Jahre 1148 waren Svend und Knud von Dännemark
in Folge der Aufforderung des Papstes vereint mit dem
kühnen Welfenherzoge, zum Kampfe gegen jene östlichen
Heiden ausgezogen. Dann folgte Waldemar der Große,
der Wendensieger, der während fünf und zwanzig Regie-
rungsjahre fast zwanzig Heerfahrten, in Begleitung seines
kriegerischen Bischofs Absalon, nach diesen baltischen Gebieten unternahm, um hier der neuen Lehre Eingang zu
verschaffen und seine Ostsee vor den verwegenen wendischen
Kapern sicher zu stellen. Im Jahre 1168 machte er durch
die Zerstörung des rügenschen Arkona dem Reiche des Ranen-

gottes Svantevit ein Ende. Unter seinem Nachfolger Knub, dem mit dem väterlichen Erbe die kriegerischen Gaben Walde= mars überkommen waren, sank Julin in Asche; Knub legte sich den stolzen Titel bei: König der Dänen und der Slaven. Von nun an aber ruhen plötzlich die dänischen Züge nach den Wendenlanden. Bald suchten sich die dortigen Vasallen der fremden Herrschaft zu entledigen. Unter der milden Pflege frommer Mönche gewann das Christenthum jetzt festeren Boden als zuvor. Und als im Jahre 1219 der Ungestüm des zweiten Waldemar sich einen neuen Kampf= platz fern im Estenlande schuf, sicherten hier bereits zahl= reiche Kirchen und Klöster längs der pommerschen Gestade zu Oliva, Danzig, Kolberg, Wolgast, Usedom, Kamin, Stralsund und Stettin den Fortbestand des neuen Glau= benswerkes.

Nur der innere südöstliche Winkel der baltischen Küste vom Ausflusse der Weichsel bis etwa zum heutigen Memel lag noch immer unbezwungen da. Hier saß seit unvordenk= lichen Zeiten vom Meere landeinwärts bis tief ins Innere der weiten osteuropäischen Ebenen ein Volk indogermanischen Stammes, von Slaven wie von Skandinaviern und Deut= schen gleich verschieden, als dessen nordwestlichen Ausläufer wir oben schon die Letten kennen lernten, dessen andere Zweige aber als Preußen und Litthauer auftreten.

An diesen Völkerschaften waren bis dahin fast alle europäischen Bewegungen spurlos vorübergegangen. Die eigenthümliche Beschaffenheit ihrer Wohnsitze, in denen sich große Sumpfstrecken mit dichtem Urwalde kreuzten, schirmte sie jederzeit vor feindlichen Angriffen. Erfolglos blieben die Versuche der christlichen Glaubensboten ihrer Lehre hier friedlichen Eingang zu verschaffen. Mit seltner Treue hingen Litthauer und Preußen an dem Glauben ihrer Väter. Und als mit der Verbreitung und Befestigung des Christenthums in allen Ostseelanden ein neues Leben sich entfaltete und vor dem Kreuze des Erlösers ringsum die Götzenbilder fielen, da scharten sich, wie zum Trotze gegen das ganze christliche Europa jene heidnischen Völkerschaften in Litthauen und in Preußen mit neuer Begeisterung um ihre nationalen Heiligthümer, fest entschlossen, zur Rettung ihrer Religion und ihrer Unabhängigkeit jetzt den Kampf auf Tod und Leben mit ihren Nachbaren einzugehen.

In den westlichen Landstrichen, dort wo die Preußen wohnten, brach die Bewegung aus, die rasch das aufgeregte Volk zu wilden Angriffen gegen die umwohnenden Pommern und Polen antrieb. Noch war der Mord nicht gerächt, den ein fanatischer Romovepriester am frommen Bischof Adalbert von Prag verübt hatte, noch nicht der Tod der Ritter von Dobrin gesühnt, die in dem Jahre 1225 nach heißem Kampfe gegen die Preußen gefallen waren, und schon drangen die heidnischen Sieger gegen Danzig vor und zerstörten von Grund aus das Kloster zu Oliva. Kaum wußte der Polenherzog Konrad von Masovien sich gegen den verwegenen Feind zu sichern.

Da zieht im Jahre 1226, auf Bitten jenes hartbedrängten Fürsten der deutsche Ritterorden in sein Land.

Ein Menschenalter war verflossen, seitdem im fernen
Morgenlande barmherzige Kreuzfahrer aus den Städten
Lübeck und Bremen für ihre hülfsbedürftigen Landsleute
den Grund zu dieser mönchisch=kriegerischen Brüderschaft
gelegt hatten, damals wohl nicht ahnend, daß es eben
jenen Rittern vorbehalten sei, dereinst am Ostseestrande für
christlich=deutsches Leben einen neuen Boden zu bereiten,
auf dem im Laufe der Jahrhunderte durch Anschluß an die
westlichen Gebiete des deutschen Vaterlandes der mächtige
Preußenstaat erwachsen sollte.

Am rechten Weichselufer werden nun den Rittern vom
Polenherzog weite Ländereien als Besitzthum eingeräumt
und bald beginnt jener blutige Krieg, der während eines
halben Jahrhunderts fortgeführt, erst mit der gänzlichen
Vernichtung des alten Preußenvolkes und ihres Glaubens
endete.

Aber dieselbe religiös=nationale Bewegung, die hier
im Westen ein kräftiges Volk dem Todeskampfe entgegen=
führte, hob im Nordosten dessen Stammgenossen zu neuem
Glanze und nie geahndeter Macht. Die Völkerschaften
Litthauens gelangten zum Gefühle ihrer Kraft. Kaum
war der elektrische Strom jener Bewegung in ihre Wald=
ebenen und Wüsteneien vorgedrungen, als plötzlich in die=
sem Volke, das Jahrhunderte lang sich nur durch Raub
und Plünderung bei seinen Nachbarn bemerkbar gemacht
hatte, ein Unternehmungsgeist erwachte, der sie rasch zu
Thaten und zu Eroberungszügen trieb. Bald sind sie weit
nach Süden und nach Osten hin siegreich in die russischen

Landschaften vorgedrungen. Bald auch paart sich mit diesem Thatendrange der Wunsch nach innerer Einigung und
Kräftigung. Ringold, der Sprößling eines eingeborenen,
fürstlichen Stammes weiß diese Volkserhebung geschickt für
seine Pläne auszubeuten. Im Jahre 1230 eint er mit
fester Hand die bis dahin getheilten Stämme zu einem
staatlichen Ganzen, an dessen Spitze er sich selbst als Großfürst stellt. Das Reich der Litthauer ist gegründet.

In demselben Augenblicke, da das in sich gespaltene
und von den Mongolen hartbedrängte Rußland gezwungen
wurde, seine Feindseligkeiten gegen die deutschen Ritter am
Embach und an der Düna allmählich einzustellen, bildete
sich im Südosten Livlands jene Macht der Litthauer, die
gar bald aus den Schranken ihrer continentalen Isolirung
heraus an die Gestade der Ostsee vorzurücken drohte.

So erhob sich von hier gegen die Deutschen ein neuer
furchtbarer Feind, dem allein zu widerstehen sie sich nicht
stark genug fühlten. Livland sah sich nach Beistand um.
Eilf Jahre früher hatte man in ähnlicher Bedrängniß noch
von dem Dänenkönige Schutz erflehen müssen; jetzt wandte
sich der Hülferuf nach Deutschland.

Und Deutschland half.

VII.

Im Jahre 1234 schickte sich der Bischof Wilhelm von
Modena auf Geheiß Gregor IX. zu einer abermaligen
Reise nach Livland an. Die Sendung dieses vornehmen
päpstlichen Legaten, der erst vor neun Jahren als Stell=
vertreter des römischen Kirchenoberhauptes im baltischen
Norden erschienen war, zeigte deutlich, daß jetzt wie da=
mals wichtige Angelegenheiten vorlägen, deren Leitung die
hohe Curie nur einem erprobten Unterhändler anzuver=
trauen wagte. Der Legat ging, nachdem er sich einige
Zeit in Preußen aufgehalten hatte, sofort nach Livland.

Hier leitete seit Alberts Tode der neugewählte Bischof
Nicolaus in stiller Wirksamkeit die inneren Angelegenheiten
der Kirche. Nach Außen aber war Volquin, der Ordens=
meister der Schwertritter thätig, ein Mann, dem Livland
bereits den Ruhm manch' glänzenden Sieges verdankte,
der mit treuster Sorge schon fünf und zwanzig Jahre dem
Orden vorgestanden hatte und der auch jetzt, die Größe
der Gefahr ermessend, welche von Litthauen her der deut=
chen Niederlassung drohte, rastlos bemüht war, dem Werke

der Kirche Schutz und Beistand zu verschaffen. Sein Augenmerk war hierbei vorzüglich auf die deutsche Ritterschaft gerichtet, die eben damals von den Weichselufern her den Kampf im nahen Preußenlande begonnen hatte. Mit diesem Orden wünschte Volquin den seinigen zu verschmelzen; nebst Land und Leuten sollten sich die Schwertritter unter die Leitung des deutschen Hochmeisters stellen, um so durch einen engeren Verband mit dem Reiche neue Kräfte zur Vertheidigung der Kirche und ihrer baltischen Besitzungen heranzuziehen.

Mit der Durchführung dieses Planes war Volquin seit dem Jahre 1229 beschäftigt, ohne zu einem günstigen Erfolge gelangen zu können. Das Hinderniß lag in Rom. Denn wenn man dort auch sehr wohl erkennen mochte, daß eine feste Einigung jener beiden Ritterorden der rigischen Kirche den sichersten Schutz gewähren würde, so nahm die hohe Curie doch all zu zarte Rücksicht auf »gewisse Leute«, wie sich Gregor behutsam in seinen Schreiben an die Lübecker Geistlichkeit ausdrückt, »die Livland zu besitzen wünschten« und die im Schmerze über den Verlust von Estland sich sogar zu neuen Feindseligkeiten gegen die baltischen Deutschen hatten verleiten lassen, während sie am römischen Hofe durch Klagen aller Art das Herz des Papstes zu erweichen wußten.

Der Dänenkönig Waldemar hatte wieder nach kurzer Waffenruhe sein altes Spiel begonnen. In den Gewässern der Ostsee war kein Schiff vor seinen Kapern sicher. Den Hafen Lübecks, dessen er sich von Neuem zu bemäch-

tigen trachtete, ließ er durch vorgezogene Ketten und durch
Versenkung von Schiffen sperren. Vergeblich sah man in
Livland der Ankunft neuer Kreuzfahrer entgegen und die
Deutschen, zu Lande mächtig, vermochten doch zur See den
dänischen Raubgeschwadern nichts anzuhaben.

Diesem Unwesen setzte man von Rom aus anfangs nur
geringen Widerstand entgegen. Gregor erließ freilich einen
Drohbrief nach dem anderen, schrieb seinen Geistlichen in
Lübeck, Ratzeburg und Halberstadt, sie sollten schleunigst
für die Oeffnung des lübecker Hafens Sorge tragen und
nöthigenfalls den König mit dem Kirchenbann belegen.
Das alles aber blieb erfolglos. Waldemar ließ sich in
seinem Treiben nicht stören. Mittlerweile zog von Litthauen her das Ungewitter immer schwärzer über Livland
auf. Lautlos verklang die Klage des edelen Volquin.

Da langt der Bischof Wilhelm, mit hohen Vollmach-
ten vom Papste ausgerüstet, in Riga an. Der soll die
nordischen Wirren ordnen. Ein Umschwung der Verhältnisse ist auch bald nach seiner Ankunft wahrzunehmen.
Schon am 10. März des Jahres 1235 hat Gregor die
sichere Kunde, daß Waldemar seine Feindseligkeiten gegen
die Kreuzfahrer eingestellt habe und gleichzeitig ist eine
Gesandtschaft vom Schwertorden ins Reich abgegangen,
um dort den Anschluß an den deutschen Orden von Neuem
anzuregen.

Die Geschicke Livlands erfüllten sich, indem sich ihrer
Leitung jetzt ein Mann bemächtigte, der mit dem Glanze
seines Namens die tiefste Kunde der Weltverhältnisse ver-

band und der durch seine mächtige Persönlichkeit vor Allem
dort sich Geltung zu verschaffen wußte, wo er die Ehre
Deutschlands zu vertreten hatte. Herrmann von Salza
war der Freund und Kampfgenosse des Hohenstaufen, der
Vertraute des römischen Hofes und Berather der mäch=
tigsten Fürsten des Abendlandes, »eyn from, verständig,
weyse Mann, wolberedt, gottfürchtig, eines erbaren Lebens,
hochangesehen beym Babst und beym Kaiser«. Im Her=
zen Deutschlands, im Thüringerlande, lag seine Heimath.
Dort wo schon seit Jahrhunderten sein abliges Geschlecht
geblüht, wuchs er auf, der »minnesame« Herrmann im
Kreise jener Sänger, die Thüringens dichterischer Landgraf
auf der Wartburg um sich einte. Doch bald trieb es den
Jüngling aus diesem Leben weichlichen Kunstgenusses in
die Schlachten des heiligen Landes. Im Jahre 1210 er=
wählt ihn dort der deutsche Orden zu seinem Hochmeister.
Neun Jahre später kämpft er siegreich mit bei der Erstür=
mung von Damiette. Dann finden wir ihn an der Seite
seines Kaisers in Italien wieder, um bald selbstthätig an
der Leitung der europäischen Staatsverhältnisse theilzuneh=
men. Vereint mit Friedrich tritt er überall den Anmaßun=
gen des römischen Hofes muthig entgegen. Von der Idee
des Kreuzzuges kann jedoch sein frommer Sinn nicht lassen,
wenn auch sein kaiserlicher Gönner sich dem Gedanken die=
ser Unternehmung mehr und mehr entfremdet. So steht
Herrmann als Vermittler zwischen Papst und Kaiser, die=
sen unablässig treibend und für das Kreuz begeisternd; am
römischen Hofe sorgsam bemüht, die Feindschaft, die gegen

Friedrich aufkeimt, zu unterdrücken. Doch bald vermag er den Zorn des Papstes nicht mehr zu hemmen. Und als der ungerechte Bannstrahl nun den Hohenstaufen trifft, und dieser dennoch sich zur Kreuzfahrt anschickt, da steht der treue Herrmann wieder ganz zu seinem Freunde, da folgt er siegesmuthig ihm ins Morgenland, verscheucht die Feinde, die gegen den gebannten Fürsten sich erheben und zieht an seiner Seite in Jerusalem ein. Dann kehren beide nach Italien zurück. Ein großes Werk ist glücklich durchgekämpft. Zum Heil der römischen Kirche gilt es jetzt die beiden Häupter der Christenheit wieder auszusöhnen. Auch hier tritt Herrman als Vermittler auf, und schon nach Jahresfrist schließt er zwischen Gregor und Friedrich den Friedensbund zu Anagni.

Während aller dieser bewegten Zeiten hatte Herrmann keinen Augenblick die Sache seines Ordens außer Acht gelassen. Zu wiederholten Malen sah man ihn in Deutschland, so oft die Lage der Brüderschaft des Meisters Gegenwart erforderte. Als sich ein Theil der Ritter nach Preußen übersiedelte und Konrad von Masovien nachträglich Schwierigkeiten wegen der Uebergabe der bereits versprochenen Ländereien machte, übernahm Herrmann selbst mit sicherer Hand die Leitung dieser Unterhandlungen. Im Jahre 1228 sendet er dann den tapferen Herrmann Balk als Landmeister in die neuen baltischen Besitzungen. Schon stehen an den Weichselufern die stolzen Burgen Vogelsang, Nessau, Thorn und Kulm. Schon weicht das Preußenvolk vor den deutschen Rittern, wenn diese, das schwarze

Kreuz auf schimmerndweißem Mantel, nahen, scheu zurück. Der blutige Tag an der Sirgune im Jahre 1234 verbreitet neuen Schrecken durch das Preußenland und immer kühner hebt sich in Pomesanien und am Ostseestrande die weiße Ordensfahne, auf der schon seit dem Jahre 1224, da Salza in den Fürstenstand erhoben wurde, als Zeichen kaiserlicher Huld, der schwarze, einköpfige Reichsadler sieg= verkündend flatterte.

Den nächsten Wiederhall mußten diese glänzenden Er= folge des Ordensschwertes im nahen Livland finden und hier den Wunsch nach einer engeren Verbindung mit dem Reiche immer mehr beleben. Als sich daher Herrmann von Salza im Jahre 1235 abermals nach Deutschland wandte, schickte Volquin, der wahrscheinlich durch den päpstlichen Legaten früh genug von dieser Reise in Kennt= niß gesetzt war, sogleich eine Botschaft an den Ordens= meister ab, um ihm seine und seiner Ritter Wünsche vor= zutragen.

Herrmann nahm sich mit regem Eifer ihrer Sache an. Noch im Jahre 1235 sandte er zwei seiner Ritter nach Livland, um sichere Kunde über die dortigen Verhältnisse einzuziehen; und als er Jahrs darauf dem Rufe Gregors wiederum nach Italien folgen mußte, beauftragte er das Ordenscapitel in Marburg, nach der Rückkehr der Ritter diese Angelegenheit aufs sorgfältigste zu prüfen.

In Marburg war man indessen, wie es scheint, dem Anschlusse an Livland noch keineswegs geneigt. Denn als im Jahre 1236 die Gesandten in Begleitung dreier Schwert=

ritter dort wieder anlangten, hieß es, »die livländischen
Ritter seien eigensinnige, muthwillige Köpfe, die sich den
strengen Regeln des deutschen Ordens niemals fügen würden; ohne Beisein des Meisters ließe sich in dieser Sache
nichts entscheiden; man müsse jedenfalls bis zu seiner
Rückehr warten«. Darüber aber konnte noch geraume Zeit
verstreichen. Endlich entschloß sich daher einer der Livlän-
der, Johann von Magdeburg, selbst nach Italien zu gehen, um sofort Herrmanns Erklärung einzuholen und dann
des Papstes Genehmigung auszuwirken. Drei deutsche
Ordensbrüder begleiteten ihn. Noch vor Abschluß des
Jahres 1236 langte diese Gesandtschaft beim Ordensmeister an, den sie nach wie vor aufs günstigste für Volquins
Pläne gestimmt fanden. Herrmann selbst führte dann die
Ritter nach Viterbo, wo damals gerade Gregor seinen Hof
hielt, und blieb hier noch geraume Zeit mit ihnen zusammen,
wohl ahnend, welche Schwierigkeiten sich diesem Werke ent-
gegenstellen würden und wie nur sein persönlicher Einfluß
beim Papste der Sache Vorschub leisten könne.

Denn Waldemars Eifersucht ruhte nimmer. Hatte der
König auch Jahrs zuvor auf Befehl des Papstes seine
Feindseligkeiten gegen die nordischen Kreuzfahrer endlich
einstellen müssen, so wollte er doch sein altes Recht auf
Estland noch nicht fahren lassen. Je eifriger daher Volquin seine Pläne betrieb, desto emsiger waren auch Waldemars Gesandte am päpstlichen Hofe bemüht, die baltischen Besitzungen für ihren König wiederzugewinnen. Und
im Geheimen zeigte sich Gregor dem Dänenkönig gar nicht

abgeneigt. Schon im Frühlinge des Jahres 1236 hatte er seinem Legaten nach Livland geschrieben, »der Schwertorden müsse Reval gegen eine bestimmte Entschädigungssumme den Dänen wieder zurückstellen«. In diesem Schritte, so wenig er den Forderungen Walbemars genügte, sprach sich die Politik des römischen Hofes hinlänglich aus. Man wollte es weder mit Dännemark noch mit dem Schwertorden verderben; durch Zögerungen, halbe Versprechen, theilweise Zugeständnisse nach allen Seiten hin, sollte das Gleichgewicht im Norden aufrecht erhalten werden. Unter solchen Verhältnissen war aber an eine rasche Erledigung der Angelegenheit Volquins nicht zu denken und als Herrmann gegen Ende des Jahres 1236 den Kaiser nach Deutschland begleiten mußte, mochten die Unterhandlungen nur um Weniges gefördert sein.

Plötzlich langt in Viterbo die Kunde an von schweren Unglücksschlägen, welche die livländische Kirche getroffen hatten. Vom rigischen Bischof war der Schwertritter Gerlach Rothe an Herrmann von Salza abgeschickt mit der Nachricht, daß am heiligen Mauritiustage, am 22. September des Jahres 1236 Volquin bei einem Einfalle in Litthauen mit seinen Leuten auf die vereinte Macht des Feindes gestoßen sei, sich auf einen Kampf habe einlassen müssen, aber endlich nach verzweiflungsvoller Gegenwehr in die Flucht geschlagen sei. Hier sei der Meister selbst mit acht und vierzig der Seinen unter den Keulen der Heiden gefallen, von den übrigen Rittern hätten nur wenige entkommen können.

Das wirkte entscheidend auf den Gang der Unterhandlungen ein. Auch an den Papst waren gleichzeitig Schreiben der livischen und estnischen Bischöfe gelangt, worin
diese ihn flehentlich um Schutz ansprachen. Jetzt galt es
wirksame Schritte zu thun, um den nordischen Wirren ein
Ende zu machen und zugleich die baltische Kirche vor dem
Andrange der östlichen Heiden zu sichern. Auf Herrmanns
Anrathen, der bereits zum Papste geeilt war, schrieb daher
Gregor am 13. Mai seinem Legaten, »Alles aufzubieten,
um den Dänen zufriedenzustellen, besonders aber auf die
sofortige Herausgabe Revals zu bestehen«, und Tags darauf am 14. Mai unterzeichnete er die Urkunde, welche die
Vereinigung des Schwertordens mit dem deutschen Orden
aussprach.

Noch in demselben Jahre ging auf Befehl des Ordensmeisters Herrmann Balk als Landmeister mit sechzig Rittern nach Livland, um hier schleunigst die nöthigen Ver-
theidigungsanstalten gegen die Litthauer zu treffen und in
Gemeinschaft mit dem päpstlichen Legaten die dänische Angelegenheit zu ordnen. Nachdem nämlich Waldemar vom
Papste die Anerkennung seines Rechtes auf den Besitz von
Reval, so wie auf Jerwen, Harrien und Wirrien erlangt
hatte, ihm aber von Seiten der Deutschen noch immer
Schwierigkeiten in den Weg gelegt waren, hatte er endlich
beschlossen, hier mit Waffengewalt seine Ansprüche durchzusetzen. Eine Flotte war bereits gerüstet. Neue Gefahren drohten der baltischen Niederlassung. Dem mußte
Herrmann Balk vorzubeugen suchen. Mit Wilhelm von

Modena begab er sich selbst nach Dännemark, um bei Waldemar einen gütigen Vergleich auszuwirken. Nach langen
Unterhandlungen kam endlich auf Seeland zu Stensbye,
einem Bauerndorfe unweit Wordingborg, am 7. Juni 1238
ein Frieden zu Stande, in Folge dessen der Orden die Burg
und Landschaft Reval nebst Wirrien und Harrien heraus-
gab, dafür aber Jerwen von Waldemar als Geschenk
erhielt.

Die Herrschaft der Dänen im Nordwesten Estlands
war von Neuem für die nächsten hundert Jahre gesichert.
Alle Güter, die der Schwertorden in den übrigen Theilen
Estlands und Livlands besaß, gingen an den deutschen Orden über, doch mit der Bedingung, daß die rigische Kirche
nach wie vor die höchste Gerichtsbarkeit über diese Ländereien ausübte. So wollte es der Papst.

––––––––––

VIII.

Aus den Fluthen der Ostsee tauchte einst allnächtlich ein
Land auf, das jedesmal beim Anbruche des Tages wieder
von den Meereswogen verschlungen ward. Da brachte ein
Mann, Namens Thielvar, der Sohn des Goth, Feuer
auf die kalte und dunkle Insel. Seitdem sank sie nie wieder unter und hieß fortan Gothland. Thielvar aber hatte
einen Sohn, Namens Hafdhi, und Hafdhis Weib hieß
Huitastierna, der weißleuchtende Stern. Die Beiden bau-
ten sich nun auf Gothland an. Und als sie dort die erste
Nacht schliefen, sah Huitastierna im Traume drei ineinander
verschlungene Schlangen aus ihrem Busen hervorkriechen
und bald darauf gebar sie drei Söhne, Graipr, Guti
und Gunfiaun. Die theilten die Insel unter sich, so daß
Graipr im Norden wohnte, Gunfiaun im Süden und Guti
zwischen Beiden. Von diesen Dreien stammen alle Gothländer ab.

So erzählt die nordische Sage und verbreitet hier, wo
uns jede Erinnerung an bestimmte Thatsachen fehlt, mit
kindlicher Sorglosigkeit ihr Zwielicht über die dunklen Jahr-

hunderte des allmählichen Entstehens, der Entdeckung, der Bevölkerung und Bebauung jenes baltischen Eilandes, das majestätisch mit seinen hohen Felsufern aus der Meeresbrandung emporsteigend, nahe gelegen den skandinavischen, estnischen und deutschen Küsten, bereits zur Zeit der arabischen Weltherrschaft einen Hauptvereinigungspunkt für den nordeuropäisch-asiatischen Handelsverkehr bildete, dann fast das ganze Mittelalter hindurch auf seinen Märkten und Messen Kaufleute der verschiedensten Nationen sah, jetzt aber verödet und vereinsamt nur noch in den Marmorruinen der Kirchen und Prachtbauten seiner Hauptstadt Wisby die Spuren des längst geschwundenen Glanzes aufzuweisen vermag.

Vom nahen Skandinavien erhielt Gothland seine ersten Bewohner. Der schmale, etwa zehn Meilen breite Meeresarm, der die Insel vom westlichen Festlande trennt, war leicht zu überschreiten. Mit Schweden bildete sich daher von Gothland aus schon frühe ein reger Verkehr. Dorthin führten den Insulaner seine ältesten Erinnerungen, seine Sagen, seine Sprache und Gebräuche, dort suchte er bei seinen Stammgenossen vertrauensvoll Schutz und Beistand, als Eifersucht und Eroberungslust fremder Gewalthaber seine Unabhängigkeit zu gefährden drohten, dorthin endlich richtete der Gothländer zuerst seinen Blick, als mit der allmählichen Verbreitung des Christenthums im baltischen Norden auch unter den Bewohnern jener Insel der Wunsch nach einem engeren Anschlusse an die Kirche der westlichen Culturwelt rege ward.

Vom heiligen König Olaf geht die Sage, daß er auf seiner Flucht von Norwegen nach dem Ruffenreiche um das Jahr 1028, sich längere Zeit unter den damals noch heidnischen Gothländern aufgehalten und dort im Verkehre mit den reichsten und angesehensten Familien der Insel zuerst den Sinn für die christliche Lehre geweckt habe. Später brachten dann gothländische Handelsleute aus fremden Landen, wo sie die christlichen Sitten kennen gelernt hatten, den ersten Priester, Namens Botar, mit. Der baut alsbald nach seiner Ankunft auf der Insel eine Kirche. Aber noch ist hier das Heidenthum zu mächtig. Mit frecher Hand wird von den Dienern der alten Lehre das heilige Bethaus der Christen in Brand gesteckt. Erst später, als Botar sich mit der Tochter des reichen Liccair verheirathet und so sich einigen Anhang unter den Gothländern gesichert hat, wagt er zum zweitenmale eine Kirche zu errichten, die jetzt auch durch die Fürsprache des angesehenen Schwiegervaters erhalten wird. Nun lassen sich viele Familien taufen. Bald ist der ganze Norden der Insel christlich und rasch wächst in den übrigen Landschaften die Zahl der Kirchen. Kommt dann gelegentlich ein pilgernder Bischof vom nahen Skandinavien herüber, der über Gothland, Rußland und Griechenland gen Jerusalem wallfahrtet, um nach der frommen Sitte jener Zeit am heiligen Grabe seine Andacht zu verrichten, so muß der hohe Herr, ehe er von bannen zieht, die neuen Kirchen und Begräbnißplätze auf der Insel weihen. Das geht nun wohl für eine Weile. Bald aber, als die Zahl der christlichen Ge-

meinden sich dort immer mehr, sehen sich die Gothländer
nach einem festen Oberhaupte für ihre Kirche um und an
den Bischof von Linköping im östlichen Schweden ergeht
jetzt die Bitte, »daß er nach einer bestimmten Ordnung
jedes dritte Jahr auf Gothland erscheinen wolle, um die
nöthigen Kirchweihen vorzunehmen«. Von einer jeden Kirche
werden ihm dafür drei Mark nebst drei Mahlzeiten be-
willigt. Zugleich richten die Gothländer Schiffe für die
Ueberfahrt des Bischofs ein und gestatten ihm, zu seiner
Amtsverrichtung und zu dem Umzuge auf der Insel zwölf
seiner Mannen nebst zwölf Bauerpferden mitzubringen.

So bildete sich der erste Anschluß Gothlands an die
schwedische Kirche, der im Laufe der Zeiten immer enger
wurde, da bald dem Bischof von Linköping auch ein bestimmter Antheil an den Zehnten der Insel eingeräumt und
ihm das Recht gegeben ward, bei der Besetzung einer
Pfarre seine eigenen Leute vorzuschlagen.

Daneben aber stand die Insel schon von Alters her
auch zu der Krone Schwedens in einem nahen Schutzver-
hältniß, in das die Gothländer »selbstwillig«, wie die
Sage lehrt, ohne irgend ihre Freiheit zu beschränken,
hauptsächlich wohl zur Sicherung und Erweiterung des
Handels zu dem Upsalakönige getreten waren. Alljährlich
steuerten sie danach einen festen Schoß von sechszig Mark,
»um frei und ungehindert an jedweden Ort ohne Zoll
und Abgabe ins Schwedenreich gelangen zu können«.
Ebenso durften aber auch die Schweden nach Gothland
kommen »ohne Getreidesperre oder sonstiges Verbot«.

Schutz und Hülfe mußte der König der Insel angedeihen lassen, wenn sie derselben bedurfte. Dagegen aber stellten die Gothländer ihm zu seinen Kriegsfahrten sieben »Snicken«, oder erlegten für jedes dieser Schiffe vierzig Mark Münze. Sobald sich nun der König zu einem Seezuge rüstete, lief während einer Woche ein allgemeines Aufgebot durch die Insel. Von Dorf zu Dorf ging dann, wie es die nordische Sitte mit sich brachte, der »Botschaftsstab«, am einen Ende angebrannt, das andere mit einem Strick umwickelt, was wohl die warnende Bedeutung hatte, daß jedem Waffenfähigen, dem es einfallen möchte, sich nicht zu stellen, entweder sofort sein Gehöft verbrannt, oder ihm selbst die Strafe des Hängens zuerkannt würde.

Den Schoß von sechszig Mark durften aber nicht etwa die königlichen Boten selbst bei den Bewohnern Gothlands eintreiben. Das Recht der Erhebung dieser Steuer stand nur der einheimischen Gemeindeversammlung zu, die dann, sobald die volle Summe beisammen war, sie den Gesandten einzuhändigen hatte. So wollte es das freiheitsliebende Inselvolk, um jeden Schein von Unterordnung unter Schwedens König von sich abzuwenden.

Die Zeit, wann sich dies »Rechtsverhältniß« zwischen Gothland und dem skandinavischen Mutterlande bildete, läßt sich nicht mehr ermitteln. Die schlichte Sage und Erzählung des Insulaners kennt keine Zeitbestimmung. Aus den nordischen Geschichten fließt uns nur spärliche Kunde über Gothland zu. Bei den Chronisten, Legendensammlern und Geographen der West- und Südwelt aber herrscht

bis zum Beginne des zwölften Jahrhunderts tiefes Schweigen über diese Insel. Denn wenn auch schon der Seefahrer Wulfstan, der gegen Ende des neunten Jahrhunderts das baltische Meer beschiffte, nach seiner Heimkehr
dem wißbegierigen König Alfred von England erzählen
konnte, »daß man bei der Fahrt von Schleswig nach der
Weichselmündung links, am Backbord, Gothland habe,
das Schweden angehöre«, so schenkten die nächstfolgenden
zwei Jahrhunderte der fernen Ostseeinsel eine so geringe
Beachtung, daß selbst der kundige bremer Canonicus Adam
in seiner weitläuftigen Beschreibung des europäischen Nordens nicht einmal den Namen Gothlands nennt.

Und doch hatten eben damals bereits die Zeiten des
Glanzes und der Handelsgröße für jene Insel begonnen.
Schon hatte sich an ihrer Nordwestküste, Schweden gegenüber, ein eigenes städtisches Gemeinwesen gebildet, von den
Eingeborenen Wisby, »der Schutzort«, genannt, das bald
zum wichtigsten Stapelplatz und Freihafen für die nordeu-
ropäische Handelswelt sich erheben sollte. Schon landeten
dort von nah' und fern die Kauffahrer der Schweden,
Russen, Dänen, Wenden, Deutschen. »Dort fanden sich
die Leute, wie Wisbys altes Stadtrecht lehrt, von man-
cherlei Zunge zusammen«. Ein gemeinschaftliches Interesse
verband enge die bunt gemischte Bevölkerung der jungen
Stadt. Gesetz und Freiheit sicherten ihr Gedeihen. Um
die Mitte des zwölften Jahrhunderts ist Wisby bereits
einer der wichtigsten Plätze für den mitteleuropäisch-nordi-
schen Handel.

Unter den dort ansässigen Fremden bemerken wir schon früße eine zahlreiche Kolonie von deutschen Kaufleuten, die wahrscheinlich aus den niedersächsischen und westphälischen Städten Soest, Dortmund, Münster, Soltwedel und Bardewiek nach Wisby übergesiedelt sind. Die thuen sich von Anfang an durch Thätigkeit und Unternehmungsgeist hervor. In enggeschlossener Genossenschaft betreiben sie von Gothland nach dem Norden und nach Deutschland ergiebige Geschäfte. Gegenseitige Verträge gewähren diesem kaufmännischen Gemeinwesen inneren Halt. Ein eigenes Wappen, der Lilienbusch, dient ihnen als äußeres Wahrzeichen. Bald haben diese Deutschen hier die einheimischen und fremden Kaufleute überflügelt und durch den engen Anschluß ihrer Kolonie an's deutsche Stammland schlägt deutsches Wesen rasch auf Gothland tiefe Wurzeln. Das älteste Stadtrecht Wisbys ist in deutscher Sprache nach deutschen Rechtsgebräuchen abgefaßt. Noch vor dem Jahre 1137 erhalten die dortigen Deutschen von ihrem Kaiser Lothar eigene Gerechtsame zum Schutze ihrer Person und ihres Verkehrs. Im Jahre 1163 hören wir auch von einem Voigte Odalrich auf Gothland reden, der die Interessen der deutschen Gemeinde nach Außen zu vertreten hat. Fallen nun Zwistigkeiten mit den Eingeborenen der Insel vor, so wenden sich die streitenden Partheien nach Deutschland, um sich von dort endgültiges Urtheil und rasche Entscheidung einzuholen.

Denn jede längere Störung der Eintracht und des Friedens, die hemmend auf den Handel wirkt, muß hier sorg-

fältigst vermieden werden, da Wisby, trotz seiner günstigen
Lage für den nordischen Verkehr noch immer die Neben-
buhlerschaft der Städte Schleswig, Julin und Sigtuna zu
bekämpfen hat, die, früher im ausschließlichen Besitze des
gewinnreichen Ostseehandels, wohl nicht ohne Eifersucht
dem raschen Aufblühen jener neuen Stadt gefolgt sind.

Schleswig, das alte Sliesthorp oder Häbaby an der
Schley war seit den Tagen Karls des Großen ein viel-
besuchter Handelsplatz, bekannt durch seine Messen und
seine strebsame Kaufmannschaft, der es gelang, zu Lande
wie zu Wasser sich immer neue Wege des Verkehrs zu
öffnen. Gegen Ende des neunten Jahrhunderts stand
Schleswig bereits mit der Ostküste des baltischen Meeres
in direkter Seeverbindung. Von Häbaby aus erreichte
man damals, wie jener Wulfstan lehrt, »nach einer Fahrt
von sieben Tagen und sieben Nächten« das alte Truso im
Preußenlande. Dann setzt zur Zeit Ottos des Großen die
nach ihm benannte »Kaiserstraße« Schleswig mit dem Norden Jütlands in Verbindung. Zweihundert Jahre später erzählt Saxo sogar, daß in dem Hafen der Schley »russische
Kauffahrer« lagen und eben um jene Zeit ist die Stadt
im fernsten Norden und Osten Europas schon so berühmt,
daß noch Kaswini der arabische Geograph des dreizehnten
Jahrhunderts nach alten Ueberlieferungen gar Wunderliches
»von der großen Stadt Schleschuik am Strande des Oceans«
seinen Asiaten zu berichten weiß.

Nicht minder wichtig für den Ostseehandel war Jumne
oder Julin, die stolze Slavenstadt, die prächtig an der Mün-

bung der Oder in die »scythischen Sümpfe« sich erhebend, von hier die reichbeladenen Handelsflotten nach Novgorod und Sigtuna sandte, auf ihren Messen aber Sachsen, Wenden und Griechen zum Ankauf »nordischer Produkte aller Art« so zahlreich anzog, daß Adam von Bremen keinen Anstand nimmt, Jumne für die »größte Stadt Europas« zu erklären.

Hoch im Norden endlich an den Ufern des Mälarsees lag Sigtuna, die »Burgstadt Odins«, das Siktun der Araber, die mächtige Vermittlerin des skandinavisch-finnischen Handels.

Mit diesen Städten wagte das junge Wisby, von den ersten Zeiten seiner Gründung an, den Wettstreit um die alleinige Herrschaft in den baltischen Gewässern aufzunehmen und lange Zeit vergeblich bemühte Gothland sich, die nordischen Händler von ihren gewohnten Bahnen des Verkehres zu entfernen.

Da überfällt im Jahre 1157 der Dänenkönig Svend das reiche Schleswig und bemächtigt sich in der Schley einer russischen Kauffahrteiflotte, um mit den Ladungen derselben seine Söldner zu belohnen. Durch diese That verscheuchte Svend, wie Saxo lehrt, für alle Zukunft die fremden Seefahrer von dem Hafen Schleswigs. Die noch so eben blühende Stadt sinkt rasch zu einem winzigen Flecken herab. Acht und zwanzig Jahre später steckt König Knud, der Sohn des großen Waldemar im Kriege mit den pommerschen Wenden die Stadt Julin in Brand und im Jahre 1189 wird durch ein wunderbares Zusammentreffen die

Schwedenstadt Sigtuna von estnischen und karelischen See=
räubern zerstört.

Jetzt hat Wisby freie Hand. Jetzt können ungehindert
die Gothländer im Vereine mit den in Wisby ansässigen
Deutschen ihre Handelsthätigkeit über den ganzen Kreis
der baltischen Gebiete ausdehnen und glänzender als zuvor
erhebt sich jetzt im Wappen der Stadt Wisby der stolze
Lilienbusch der Deutschen neben dem Widder, dem alten
heidnischen Wahrzeichen der Insel.

Die Hauptquelle des rasch sich mehrenden Wohlstandes
jener gothländisch=deutschen Kaufmannschaft bildete damals
der Handel mit dem nordwestlichen Rußland. Dorthin
vor Allem strebten jene Kaufherren des Westens, um ihre
Häringe, ihr Salz, ihre Tücher und Eisenwaaren gegen
Leder, Wachs, Pelzwerk und gegen die astatischen Erzeug=
nisse umzutauschen. Den Hauptmarkt für dieses russische
Geschäft fanden sie aber in Nowgorod, der weitberühmten
Republik am Wolchowstrome.

Der Wolchow entspringt aus dem Ilmensee, fließt dann
in fast gerader Richtung gegen Norden und strömt nach
einem Laufe von ungefähr dreißig Meilen in den Laboga=
see aus. Dort, etwa eine Meile vom Ilmensee entfernt,
lag das alte Nowgorod und zog sich zu beiden Seiten des
klaren Stromes in weiter Ausdehnung hin mit seinen höl=
zernen Häusern und stattlichen Brücken, seinem wohlbefestig=
ten Kreml und seinem Markte, wo auf den Schall der
großen Wetschaglocke die Bürger sich versammeln mußten,
mit seinen Kaufhöfen und Meßplätzen und mit seinen

Klöstern, Kapellen und Kirchen, unter denen neben der
ehrwürdigen Sophieenkathedrale der griechischen Christen
sich bereits um die Mitte des zwölften Jahrhunderts die
»heilige Pätniza« erhob, in welcher die duldsame Republik
dem abendländischen Handelsmanne bereitwillig gestattete,
seine Andacht nach römischem Kirchengebrauche zu verrichten.

Zu einer Zeit, da noch dichtes Dunkel über dem ganzen Nordosten Europas lagerte, stand Nowgorod schon als
ein selbstständiges städtisches Gemeinwesen da. Durch seine
vortheilhafte Lage an der alten Handelsstraße, die sich von
Griechenland den Dnieper hinauf nördlich zum Wolchow
wandte, vermittelte es hauptsächlich den Verkehr des Südens mit den finnischen Völkerschaften, während ihm zugleich die Karavanen der Bulgaren von der Wolga her
die Schätze des Orients zum Umsatz gegen nordische Produkte brachten. Als dann um die Mitte des neunten Jahrhunderts Rurik an den Ufern des Ilmensees den Grund
zum russischen Staate legte, erwählte er Nowgorod zu seinem Herrschersitze. Sein Nachfolger Oleg zog freilich schon
mit dem kriegerischen Hoflager der Rurikingen nach Kiew,
ins mittlere Rußland. Doch wenn er auch durch diesen
Schritt nicht wenig dazu beitrug, die Wolchowstadt dem
Fürstenhause zu entfremden, so vermochte sie doch nichts
mehr in ihrer politischen und mercantilen Entwickelung zu
hemmen. Denn schon war die alte Slavenstadt der Haupt-
sammelplatz der warägischen Krieger geworden, die in immer
neuen Schaaren vom nahen Skandinavien herüberziehend,
gar bald über die einheimische Bevölkerung ein entschiede-

nes Uebergewicht erlangten. „Die Novgoroder, schreibt der russische Chronist des eilften Jahrhunderts, sind von warägischem Geschlechte; früher waren sie Slaven". Schon hatten hier am Wolchowstrome germanische Freiheit und nordischer Unternehmungsgeist eine sichere Stätte sich bereitet, und Novgorod als erste Stadt des russischen Nordens fühlte sich stark genug, um fortan den Weg des Ruhmes und der Größe selbstständig, ohne Fürstenhülfe zu verfolgen.

Die Stellung, die sich Novgorod so errang, war freilich dem großfürstlichen Hause keineswegs genehm, und wenn die Stadt auch nach wie vor den höchsten Schoß nach Kiew steuerte, wenn ihre thatenlustige Jugend bei keinem Kampfe und bei keinem Zuge fehlte, der von den eroberungslustigen Rurikingen unternommen ward; das Band, das ihre Bürger ursprünglich mit dem Herrscherstamm verbunden hatte, ward immer mehr gelockert. Als sich im Jahre 970 die Novgoroder an den kiewschen Großfürsten wandten, um einen Statthalter zu erlangen, und übermüthig ihm bedeuteten, daß, wenn er keinen sende, sie selbst einen wählen würden, fuhr sie der Herrscher verächtlich an: „Ja, wenn nur einer zu Euch gehen wollte!" Dieses Mal blieb es noch bei Worten stehen. Zweiundvierzig Jahre später aber bricht offene Empörung am Wolchow aus und als dann Jaroslaw den Thron besteigt, ruhen die Novgoroder nicht eher, als bis er ihnen Freiheiten aller Art brieflich verschrieben und insbesondere das Recht der Selbstwahl ihrer Herrscher zugesichert hat.

Mit der Verleihung dieses Freibriefes kam über Novgorod ein neuer Geist. Hatte es bis dahin seine ganze
kriegerische Thätigkeit dem Dienste der Großfürsten geweiht,
so sann es jetzt auf eigene Machterweiterung. Noch lag
der weite finnische Norden vom Ural längs des Eismeeres
bis zum baltischen Gestade unbezwungen da. Dorthin lockte
den Handelsmann schon lange der Erwerb des kostbaren
Pelzwerkes. Dorthin wandte daher der Freistaat jetzt sein
Hauptaugenmerk und während anderthalb Jahrhunderte
wurden von nun an jene Landschaften »hinter den großen
Waldungen«, wie sie die Chronik nennt, der Tummelplatz
der novgorodschen Krieger. Bald zieht ein Haufen ver-
wegener Freibeuter vom Wolchow aus, um zu den »eiser-
nen Pforten«, ins Land der heutigen Sürjänen vorzu-
dringen. Bald stehen die Feldherren der Republik mit
ihren Heeren an den Ufern des Laboga, um dort im wilden Kampfe die Jemen zu bezwingen. Im Jahre 1130
beugt sich schon alles Volk bis zum Onegasee unter der
Herrschaft Novgorods. Nach allen Richtungen durchstrei-
fen nun seine Steuereinnehmer die neuerworbenen Lande,
um »Eichhornfelle« und anderes Pelzwerk einzutreiben.
Drei Jahre später sind bereits die Anwohner der Petschora
ihnen tributpflichtig und im Jahre 1137 zehnten die Uferlandschaften des weißen Meeres dem heiligen Georgskloster
am Wolchow.

Während so der Freistaat nach Norden und nach Osten
zu immer größerer Macht gelangte und schon bis zu den
fernen Völkerschaften des Ural den stolzen Wahlspruch sei-

ner Bürger: »Wer kann wider Gott und Großnovgorod!«
ertönen ließ, öffnete er den Bewohnern des europäischen
Westens bereitwillig seinen Markt und Hafen, um die Roh-
produkte der polaren Besitzungen gegen die feinen Fabrikate
des Abendlandes umzutauschen.

Und hier waren es wiederum die Deutschen, vornehmlich aber jene gothländisch-deutschen Kaufleute, die durch
Geschäftskunde, Rührigkeit und Umsicht die ihnen darge-
botenen Vortheile am erfolgreichsten auszubeuten und sich
gar bald des ganzen nordischen Geschäftes zu bemeistern
wußten. Denn um auf diesem wichtigen Platze keinen anderen Fremden aufkommen zu lassen und auch aus der
Ferne den dortigen Handel sicher leiten zu können, suchten
die Deutschen sich schon frühe bei den Novgorodern die
Erlaubniß zu einer festen Niederlassung am Orte selbst
auszuwirken. Bald wurden ihnen hierzu von der Republik
in einem besonderen Stadtquartiere die nöthigen Bauplätze
angewiesen. Dort gründeten sie nun ihre eigene deutsche
Kirche zum heiligen Peter. Um dieselbe herum führten sie
geräumige Waarenlager und Packhäuser auf, nebst zahlreichen Meßbuden, Comptoiren, Wohnstuben und Versamm-
lungssälen, und so entstand zu Anfang des dreizehnten
Jahrhunderts, wenn nicht schon früher, »der Hof der
Deutschen zu Novgorod«, der nach seinem Schutzpatron
auch schlichtweg den Namen »Sanct Peter« führte. Wie
in Wisby, nahm hier am Wolchow die deutsche Kauf-
mannsinnung den Lilienbusch in ihr Wappen auf. Durch
strenge Gesetze, denen sich jedes Mitglied der Genossen-

schaft, die Handelsherren und Handwerksmeister wie Ge=
sellen, Lehrlinge und Packnechte fügen mußten, sicherten sie
das Gedeihen ihrer neuen Niederlassung und richteten sich
allmählich mit eigener Gerichtsbarkeit, eigener Handelsord=
nung und Gemeindencasse hier inmitten der fremden Stadt
ganz häuslich und behaglich ein.

Ihr Gesetzbuch, die »Schra dere Dhutschen to Ro=
garden«, die in der ersten Hälfte des dreizehnten Jahr=
hunderts aufgezeichnet sein muß, führt uns das innere We=
sen und Getriebe dieser Stiftung lebendig vor.

An der Spitze der ganzen Niederlassung standen zwei
Aelterleute der Kaufmannschaft, der »Olderman dhes Ho=
ves« und der »Olderman Sante Peteres«. Dem letzteren
lag die Sorge für den Haushalt des Hofes und die Ver=
waltung der Innungscasse ob. Er trieb die Steuern ein,
die jedes handeltreibende Mitglied der Gesellschaft je nach
dem Werthe und der Menge der von ihm eingeführten
Waaren zu entrichten hatte und nahm die Strafgelder in
Empfang, die nach erfolgtem richterlichen Ausspruch für
irgend welch' Vergehen, Betrug, Waarenverfälschung, Geld=
unterschleif, für Nachlässigkeit im Dienste, anstößiges Be=
tragen gegen Vorgesetzte, Trunkenheit oder Schlägereien
von den dabei Betheiligten zu erlegen waren. Oberster
Richter war der Oldermann des Hofes, der auch die all=
gemeinen Versammlungen zu berufen hatte und die Leitung
über das Ganze führte. Er sowohl wie der Aeltermann
Sanct Peters gingen aus der Wahl der Kaufleute hervor,
wählten sich dann selbst vier Männer zu Gehülfen und

bezogen aus dem gesetzlichen Antheil an Sporteln und Strafgeldern ihr besonderes Einkommen. Außerdem stand dem wortführenden Aeltermann das Recht zu, sich nach eigenem Gutdünken eine Wohnung auf dem Hofe auszusuchen. Um die übrigen Häuser mußten die Kaufleute loosen. Diese Wohnungen mochten jedoch klein und nur für die Nachtruhe geeignet sein. Die langen Winterabende brachten daher die Handelsherren, nach Schluß des Geschäftes, in der »großen Stube« zu, die als Versammlungsort und Speisesaal diente. Ein ähnliches Local, die sogenannte »Kindern Stove«, war zu ähnlichen Zwecken für die jüngeren Handelslehrlinge, Gesellen und Knechte eingerichtet.

Mit Ausnahme der Geschäftsverbindungen unterhielt der Hof nur geringen Verkehr mit den übrigen Bewohnern der Stadt. Zu Dienstleistungen innerhalb seiner Ringmauern wurden daher nur Deutsche zugelassen. Eine eigene Hofbrauerei lieferte hier den süßen Meth, der aus Honig, Wasser und Hopfen zubereitet wurde. In dem »Sanct Peterskessel« mußte alles Wachs geschmolzen werden, wie auch Sanct Peter seine eigenen Holzniederlagen hatte. In Gemeinschaft mit Russen durften keine Geschäfte getrieben werden. Bei Strafe von fünfzig Mark Silber war jedem deutschen Kaufmanne des Hofes geboten, kein Gut mit den Russen in »Kumpanie« zu haben und der Russen Gut nicht als Frachtgut zu führen. Verbrecher mußten auf dem Hofe selbst, im »Thurme« bei Wasser und Brod ihre Strafzeit absitzen. Starb ein der Gemeinde angehöriger Deutscher in Novgorod, so nahm der Begräbnißplatz Sanct

Peters seine Leiche auf. Andere Deutsche, die sich in Novgorod aufhielten, ohne sich der Innung anzuschließen, durften nur mit besonderer Erlaubniß des Aeltermannes den
Hof betreten. Um solche Fremde, so wie Diebe und Ge-
sindel am nächtlichen Einschleichen zu verhindern, waren
für den Hof und die Kirche eigene Wächter angestellt, die
zu bestimmten Nachtstunden auch die großen Kettenhunde
loslassen durften.

In diese fast klösterliche Abgeschiedenheit des Hofes
trat aber alljährlich zweimal, wenn die deutschen Kauf-
fahrteiflotten mit ihren reichen Waarenladungen anlangten,
ein neues, verändertes Leben ein. Nach dem damaligen
Brauche unternahmen nämlich die Novgorodfahrer ihre
Reisen nicht einzeln, sondern stets in Gesellschaft von Meh-
reren auf zahlreichen Schiffen. Solche Compagnien hießen
»Fahrten« und unterschieden sich, je nachdem sie im Frühjahre oder im Herbste die heimathlichen Häfen verließen,
um dann während des Sommers oder während der Wintermonate ihre Geschäfte in Novgorod zu besorgen, in
Sommer- und Winterfahrer. Eine jede dieser Fahrten
brachte, den Vorschriften des Hofes gemäß, ihren eigenen
Priester mit. Auch mußten noch vor der Ankunft im
novgorodschen Gebiete, das sich damals bis zur Neva-
mündung erstreckte, die beiden Aelterleute gewählt und von
jedem Mitgliede der Gesellschaft die gesetzlichen Waaren-
steuern entrichtet werden. Langte nun die Fahrt bei der
Neva an, so warteten ihrer dort Lodien oder Lichterschiffe
zum Umladen der Güter. Denn wegen des unsicheren

Fahrwassers der Newa und der Wolchow konnten die großen
Seeschiffe sich nicht in jene Flüsse wagen. Von hier bis
nach Novgorod hinauf trug daher die Republik gegen Ver-
gütung der Unkosten die nöthige Sorge für den Transport
der Waaren. Nach der endlichen Ankunft in Sanct Peter
bezog dann die neue Gesellschaft ihre Hofwohnungen, die
Güter wurden in den dazu bestimmten Räumen unterge-
bracht und die bereits gewählten Aelterleute übernahmen
nun für die nächsten Monate die Leitung des Hofes.

So gediehen durch deutsche Betriebsamkeit in Novgorod
wie auf Gothland diese Handelsstiftungen, die unter sich
wie mit dem Mutterlande im engsten Verbande lebend, gar
bald dem deutschen Wesen in allen nordischen Gebieten Ansehen und Einfluß zu verschaffen wußten, zur selben Zeit,
da jene Ritterkolonieen am Embach, an der Düna und im
Goiwathale, durch festen Anschluß an den deutschen Orden
neu gekräftigt, das Haus der deutschen Kirche hier zu schir-
men und zu erweitern strebten. Und als nun mit dem Fall
der Hohenstaufen der alte Geist der Zwietracht im Reiche
wieder wach ward, die deutschen Nord= und Ostseestädte aber
zum Schutze ihrer Freiheiten und ihres Handels die Hansa
gründeten, die durch weitverzweigte Verbindungen mit Novgorod, Wisby, Riga, Reval, Dorpat zu rascher Blüthe
sich emporschwang, da hob für dieses baltische Außendeutsch-
land eine neue Zeit des Ruhmes an. Und an die Spitze des
mächtigen Städtebundes trat jetzt das reichsfreie Lübeck, um
während zwei Jahrhunderte dem deutschen Werk im Norden
Kraft und inneren Halt zu geben.

Anmerkungen.

1) Seite 1. Einhardi annales ad a. 804. Pertz monumenta Germaniae historica. T. I. 191. Einhardi vita Karoli c. 7. Pertz II. 446. La Germanie au huitième et au neuvième siècles, son introduction dans la société civilisée de l'Europe occidentale in Mignet Notices et Mémoires historiques T. II. Paris 1843.

2) S. 2. Z. 19. Chronicon Moissiacense ad a. 806. Pertz I. 308 und Hoffmann, Geschichte der Stadt Magdeburg I. 8.

3) S. 2. Z. 20. Effesfeld ist das heutige Itzehoe; Dahlmann, Geschichte von Dännemark I. 24.

4) S. 2. Z. 26. Dahlmann, Geschichte von Dännemark I. 22.

5) S. 3. Z. 10. Ueber Karls Rüstungen zur See Einhardi annal. ad a. 800.

6) S. 4. Vita S. Anskarii ed. Dahlmann. c. 12. Pertz II. 698 und Giesebrecht, wendische Geschichte I. 164 u. folgd.

7) S. 6. Z. 26. Schaumann, Geschichte d. niedersächsischen Volkes. Seite 193 Anmerk.

8) S. 8. Z. 7. Dahlmann, Gesch. von Dännemark. I. 108.

9) S. 8. Z. 12. Geijer, Gesch. von Schweden. I. 121.

10) S. 8. Z. 20. Münter, Kirchengeschichte von Dännemark u. Norwegen Bd. I.

11) S. 9. Z. 9. Sammlung zur dänischen Geschichte, Sprache, Münzkenntniß und Oekonomie von J. H. Schlegel Bd. I. 175. Kopenhagen 1771.

12) S. 9. Z. 10. Antiquitates Americanae ed. Rafn. Hauniae. 1837.

13) S. 10. Others Reisebericht in Dahlmann, Forschungen auf dem Gebiete der Geschichte Th. I. Geijer, Gesch. v. Schweden I. 83.

14) S. 11. Z. 2 u. 11. Sjögrens Abhandlungen über Jakun u. über Ingermanland. Mémoires de l'académie des sciences de St. Pétersbourg VIme Série. Sciences historiques et politiques II. 563 et 183. St. Pétersbourg 1834.

15) S. 11. Z. 18. „Fulmen septentrionis, fatale malum omnibus Danorum insulis" Adami gesta Hammaburgensis ecclesiae pontificum ex recens. Lappenbergii Lib. III. c. 16. Dahlmann, Gesch. von Dännemark II. 130.

16) S. 11. Z. 24. Dahlmann, Gesch. v. D. I. 124. Suhm, Historie af Danmark. IV. 120. La Chronique de Nestor publ. par Louis Paris I. 196. Paris 1834.

17) S. 12. Lappenberg über die Chronologie der älteren Bischöfe der Diöcese des Erzbisthums Hamburg in Pertz, Archiv der Gesellschaft für ältere deutsche Geschichtskunde, IX. Hannover 1847.

18) S. 15. Z. 18. Chronicon Montis Sereni recensuit A. Eckstein. 184. Halle 1844. Liber de fundatione Monasterii Gozecensis in Chronicon Montis Sereni ed. Mader. 207. Helmestadi 1665.

19) S. 15. Z. 20. Adam Bremens. III. 31.

20) S. 16. Z. 2 und 10. Adam Bremens. II. 66 und III. 2.

21) S. 16. Z. 12. „Virgo, ut ferebatur, ab utero matris permanebat." Lambert ad a. 1072.

22) S. 16. Z. 17. Adam Bremens. III. 1.

23) S. 16. Z. 23. Es scheint, daß Abalbert vor seiner Erhebung zum Erzbischof von Bremen am kaiserlichen Hofe das Amt des Kanzlers für Italien bekleidete. Eine Urkunde, datirt vom 22. Februar 1045 (Puricelli de martyr. Mediolan. 489), auf die mich Wattenbach aufmerksam gemacht hat, ist unterschrieben von Abalbert, der hier Kanzler für Italien genannt wird. Damals war Abalbert noch nicht nach Bremen berufen, denn sein Vorgänger Bezelin starb erst den 15. April 1045. Außerdem spricht für unsere Annahme der wichtige Umstand, daß der Kaiser Heinrich III. bei der Besetzung der erzbischöflichen und bischöflichen Stühle sein Augenmerk besonders auf seine Kanzler warf. Auch hierfür hat Wattenbach interessante Beiträge gesammelt; so war Kabalohus

Kanzler für Italien und zugleich Bischof von Naumburg, ebenso Humfried Kanzler für Italien und dann Erzbischof von Ravenna (Herrmann Contractus ad a. 1047). Ebenso Eberhard Kanzler für Deutschland und später nach dem Abgange des Kabalohus Bischof von Naumburg (Böhmers Regesten), endlich Theodorich Kanzler für Deutschland und dann Bischof von Constanz (Herrmann Contr. ad a. 1047).

24) S. 17. 3. 1. 14. 18. 20. Adam Bremens. III. c. 2. 3 und 4. 26. 9 und 25.

25) S. 18. 3. 1. Adam Bremens. III. 38.

26) S. 18. 3. 10. Bruno de bello Saxonico. cap. II. Pertz monumenta V. 330. Adam Bremens. III. 69.

27) S. 18. 3. 17. 18. 21. 22. 24. Adam Bremens. III. c. 2. 23. 37 und 61. 35 und 37. 38.

28) S. 19. 3. 9. 20. 21. 28. Adam Bremens. III. c. 5. 7. 30. 32.

29) S. 20. 3. 12. Adam Bremens. III. 10.

30) S. 20. 3. 15. Adam Bremens. III. 69. IV. 35.

31) S. 20. 3. 25 und 28. Adam Bremens. III. 23 und 31.

32) S. 21. 3. 20. Lambert annales ad a. 1062.

33) S. 22. 3. 22. Adam Bremens. III. 70. IV. 24. Lappenberg, Chronologie der älteren Bischöfe Bremens. S. 425.

34) S. 23. 3. 3. Geijer, Gesch. v. Schweden. I. 30.

35) S. 23. 3. 7. Lappenberg, Chronologie u. s. w. S. 423.

36) S. 23. 3. 14 und 18. Adam Bremens. IV. 16. 19 und 25.

37) S. 23. 3. 24. Adam Bremens. II. 19. Nestors Annalen von Schlözer. III. 69. 70. 71. Ibn Foszlan von Frähn. 158.

38) S. 23. 3. 28. Adam Bremens. II. 19. Lappenberg hat hier mit sorgfältiger Kritik statt der älteren Lesart: „XLIII die" nach der Wiener Handschrift die Lesart „quarto decimo die" aufgenommen. Indessen bleibt es fraglich, ob die Kauffahrer des eilften Jahrhunderts mit ihren breiten, schweren Schiffen, mit mangelhafter Tackelage und bei der Unvollkommenheit der damaligen Nautik die Reise vom Ausfluß der Oder bis Novgorod, mithin einen Weg von etwa 180 Meilen in 14 Tagen zurücklegen konnten.

39) S. 24. 3. 15. Lambert ad a. 1064. Adam Bremens. III. 46: „et jam consulatum adeptus est, jam remotis aemulis solus

possedit arcem capitolii, non tamen sine invidia, quae semper gloriam sequitur."

40) S. 24. 3. 24. Lambert ad a. 1066.

41) S. 25. 3. 3. 9. 19. Adam Bremens. III. 47 u. folg. 49 u. 50. 61.

42) S. 26. 3. 2. 13. 20. Adam Bremens. III. 58. 62. 63.

43) S. 26. 3. 23. Adam Bremens. III. 64. 66. Lambert ad a. 1072. Die Angaben variiren um einen Tag.

44) S. 26. 3. 26. Adam Bremens. III. 67.

45) S. 29. 3. 1. Staphorst, Hamburger Kirchengesch. I. 443. Hamburg 1723.

46) S. 29. 3. 8. Dahlmann, Gesch. v. Dän. I. 208. 213.

47) S. 29. 3. 16. Dahlmann, Gesch. v. D. II. 146.

48) S. 29. 3. 21. Geijer, Gesch. v. Schweden. I. 144.

49) S. 29. 3. 27. Ueber das Jahr 1158, als das der Entdeckung Livlands kann kein Zweifel obwalten, da Heinrich der Lette in seiner Chronik zum Jahre 1225 ausdrücklich bemerkt, vor sieben und sechszig Jahren sei der livische Hafen durch bremische Schiffer aufgefunden. Gruber, origines Livoniae sacrae et civilis. Francofurti 1740. S. 177. Statt der am Rande von Gruber angegebenen Jahreszahl 1224 ist nämlich, wie unten gezeigt werden wird, 1225 zu lesen. Dasselbe Jahr 1158 giebt auch Thomas Hiärn in seiner esth-, lyf- und lettländischen Geschichte an; Monumenta Livoniae antiquae I. 65. Ebenso Balthasar Rüssow in seiner Chronica der Provinz Lyfflandt, Barth. 1584. S. 3: „In dem Jar unsers Herrn 1158 hebben de Bremer Koeplüde Lyfflandt erstlick upgesegelt." Und wenn auch Franz Nyenstädt zu Anfang seiner „denkwürdigen Sachen und Geschichten von der ersten Erfindunge der edlen Provintzen Lyfflandts" (Monumenta Livoniae II. 14) schwankt, ob er sich für das Jahr 1148 oder 1158 entscheiden soll, so nimmt er doch späterhin in den Zusätzen S. 127 an, daß „gerade im Jahre 1158, da Lübeck zu bauen angefangen ist, die Bremer Liessland auffgesegelt haben". Eine neuere Untersuchung über das Jahr der Entdeckung Livlands von E. Pabst in Bunges Archiv IV. habe ich leider nicht benutzen können.

50) S. 34. Jacob Grimm, Geschichte der deutschen Sprache. II. 717 u. folgb. Geijer, Geschichte v. Schweden. I. 87. Da der

Name der Esten ohne Zweifel aus der Benennung Aestier oder Eistir entstanden ist, so ziehe ich die Schreibart Esten der heute üblichen, Ehsten oder Esthen vor. Heinrich der Lette und die mittelalterigen Schriftsteller schreiben überall Estones, nicht Esthones.

51) S. 35. Z. 17. Man schlägt die Ueberreste der Esten auf etwa 622000 Seelen an. Verhandlungen der gelehrten estnischen Gesellschaft zu Dorpat. I. 19.

52) S. 36. Z. ib. Heinrich der Lette spricht nirgends von erblichen Königen der Esten, überall nur von den Seniores. Origines Livoniae ed. Gruber. 58. 64. 73. 74. 160 u. s. w.

53) S. 36. Z. 18. Origines Livon. 109.

54) S. 36. Z. 23. Origines Livon. 64. 32. Mittheilungen aus dem Gebiete der Geschichte Liv-, Est- und Curlands. I. 179. Verhdlg. der estn. Gesellsch. I. 48.

55) S. 37. Z. 3. Orig. Liv. 58. 155. Mittheilungen u. s. w. II. 362.

56) S. 37. Z. 15. Jacob Grimm, über das finnische Epos in Höfers Zeitschr. f. d. W. d. S. I. Verschiedene Aufsätze von Fählmann, Holmberg und Mühlberg in den Verhdlg. der estn. Gef. — Fählmann hat die estnischen Sagen zuerst bekannt gemacht. Kruse's Urgeschichte des estn. Volksst. S. 175—187, und Kohl, Ostseeprovinzen II. 238—255.

57) S. 37. Z. 1 v. u. Die Kantelet ist ein harfenartiges Instrument.

58) S. 40. Z. 21. W. Peters hat mich darauf aufmerksam gemacht, daß unter dem „Stutzer mit gelbem Gefieder und grauen Beinen" wahrscheinlich der oriolus galbula, der Pirol oder Pfingstvogel verstanden werden muß, wie denn auch Fählmann diese letztere Benennung in seiner Uebersetzung hinzufügt.

59) Die Sage von Wannemunnes Gesange findet sich mit nur geringen Veränderungen in dem finnischen Volksliede: „Wäinämöinens Harfe" wieder, welches Platen aus einer schwedischen Nachbildung übersetzt hat.

60) S. 44. Z. 20. Ilmarinen ist der Gott der Luftregionen, ein Bruder Wannemunnes.

61) S. 46. Z. 5. Orig. Liv. 267. Kruse, Urgeschichte des estnischen Volkstammes. 143.

62) S. 46. Z. 18. Vita Anskarii. c. 30. Adam. III. 16

63) S. 46. Z. 24. Nestors Annalen von Schlözer. II. 24.

64) S. 47. Z. 8. Das ganze Mittelalter hindurch bis zum Ende des sechszehnten Jahrhunderts begriff man unter dem Namen Livland die heutigen Provinzen Liv-, Est- und Curland. Rüssows Chronik, gleich zu Anfang.

65) S. 47. Z. 17. Auch die Liven kannten nur die Herrschaft der Stammesältesten. Erbliche Könige kommen nicht bei ihnen vor. Vom Caupo sagt Heinrich der Lette ausdrücklich, „qui quasi Rex et senior Livonum erat" orig. Liv. 25, sonst spricht Heinrich nirgends von einem Könige.

66) S. 47. Z. 19. Verhdlg. der estn. Ges. I. 62. Beim Beginn eines Krieges ziehen sich die Liven mit Frau und Kind auf ihre Festen zurück. Orig. Liv. 100.

67) S. 47. Z. 24. Die Karte, die Kruse seiner Urgeschichte des estn. V. angehängt hat.

68) S. 48. Z. 4. Kruse, Urgeschichte. 95.

69) S. 48. Z. 16. „Letthi, qui proprie dicuntur Lettgalli." — „Letthi vel Letgalli." Orig. Liv. 36. Letthi sind beim Chronisten Heinrich überall die Letten; die Litthauer nennt er Lettones.

70) S. 48. Z. 24. „Erant enim Letthi ante fidem susceptam humiles et despecti et multas injurias sustinentes a Livonibus et Estonibus." Orig. Liv. 56.

71) S. 49. Z. 16. Schlözer, allgemeine nordische Gesch. 541 u. folgd.

72) S. 50. Z. 1. Jordanes c. 23.

73) S. 50. Z. 6. Cassiodor var. V. 2. Die Aestier heißen hier Haesti.

74) S. 50. Z. 8. Schöning, Heimskringla. Hauniae 1777. Cap. 15. der Ynglingasaga. Kruse, Urgeschichte. S. 436.

75) S. 50. Z. 10. Ynglingasaga cap. 36.

76) S. 50. Z. 17. Vita S. Anskarii c. 30.

77) S. 50. Z. 21. Dahlmann, Gesch. v. Dän. I. 102 u. folgd.

78) S. 50. Z. 28. Die Beweisstellen finden sich in Kruses Urgesch. S. 489 und 492.

79) S. 51..Z. 1. „Ipse rex gaudens in Domino recitavit mihi hanc cantilenam." Adam Brem. IV. 16.

80) S. 51. Z. 14. Verhandlungen der estn. Gesellsch. I. Heft 2. S. 63 u. folgd. Heft 4. S. 64 u. folgd.

81) S. 51. Z. 17. Orig. Liv. 129. 161. Verhdlg. d. estn. Ges. I. 51.

82) S. 51. Z. 23. Annales Olai ad a. 1202. Langebek script. rer. Dan. I. 181.

83) S. 52. Der Name der Esten war den alten Russen unbekannt. Nestor nennt sie überall Tschuden. Nestors Annalen v. Schlözer. II. 40. III. 36.

84) S. 52. Z. 17. „Scatta Konungs." Heimskringla. I. 193.

85) S. 52. Z. 19. Karamsin, Gesch. des russischen Reiches. II. 18. Deutsche Uebersetzung. Riga 1820.

86) S. 52. Z. 21. Nestors Annalen II. 105.

87) S. 53. Z. 5. Pleskow nahm besonders zu Anfang des dreizehnten Jahrhunderts wiederholten Antheil an den Zügen der Nowgoroder nach Estland. In Lettland gehörte den Pleskowern die Landschaft Tholowa. Orig. Liv. 51. 170.

88) S. 53. Z. 7. Ueber diese Züge der Nowgoroder gegen die estnischen Tschuden s. die Aufsätze Sjögrens in den Memoiren der petersburger Akademie, Série VI. T. I. Im Jahre 1111 zieht der Fürst Mistislaw gegen Otschela, das estnische Otela (s. Arndt, livländ. Chronik. II. 16 und Mémoires I. 312.); im Jahre 1116 nimmt er Odempä (Mém. I. 313); im J. 1132 werden die Nowgoroder im estnischen Walgalande geschlagen (Mém. I. 326); im J. 1134 erobern sie Dorpat (Mém. I. 327). Im J. 1191 zieht Jaroslaw gegen die Esten (Karamsin. III. 71. Kruse, Urgesch. 566).

89) S. 53. Z. 15. „Livones Woldemaro (sc. regi de Plosceke) tributa solvebant." Orig. Livon. 3. Karamsin III. 49.

90) S. 53. Z. 20. Kukenois, das spätere Kokenhusen, der westlichste Vorposten der Russen lag etwa 15 Meilen oberhalb Dünamünde. Kohl, russ. Ostseeprovinzen. I. 196.

91) S. 53. Z. 21. Heinrich der Lette nennt den Fürsten Wsewolod: Wissewalde.

92) S. 53. Z. 21. Wseslaw wird in der Chronik Besceca genannt. Kruse, Urgesch. 586.

93) S. 53. Z. 22. Kruse. 552 u. folgd.

94) S. 54. Den deutschen Standpunkt hat keiner der bisherigen Bearbeiter der älteren Geschichte Livlands so richtig gewählt wie Wurm in seinem Aufsatze: „eine deutsche Kolonie und deren Ab-

fall", abgedruckt in der allgemeinen Zeitschrift für Geschichte von Schmidt. V. Berlin 1846.

95) S. 55. Z. 7. Orig. Livon. I. Arnold Lubecensis VII. c. 8.

96) S. 55. Z. 18. Orig. Livon. 2. Die Worte „paulo ante" sind hier wahrscheinlich zu streichen. Verhdlg. der estn. Ges. II. 83. Der Aufsatz Hansens über Heinrich den Letten.

97) S. 56. Z. 3. Arnold VII. 9. „Est enim eadem terra fertilis agris, abundans pascuis, irrigua fluviis, satis etiam piscosa et arboribus nemorosa." Der Abt Arnold lebte in Lübeck, hatte mithin durch die lübischen Livlandsfahrer jene Nachrichten aus erster Hand.

98) S. 56. Z. 9. Hurter, Innocenz III. I. 296. Hamburg 1834.

99) S. 56. Z. 13. Kruse, Urgesch. 554.

100) S. 56. Z. 17. „Est enim consuetudo regum Ruthenorum, quamcunque gentem expugnaverint, non fidei Christianae subjicere, sed ad solvendum sibi tributum et pecuniam subjugare". Orig. Liv. 85.

101) S. 57. Z. 1. Ueber die Worte „idem praedicator" u. f. w. Orig. Liv. 4. Hansens Aufsatz über Heinrich d. L. 83. In dem weiteren Verlaufe der Erzählung folge ich ganz dem Berichte Heinrichs, werde daher nur gelegentlich auf ihn hinzuweisen nöthig haben.

102) S. 58. Z. 1. Hamburgisches Urkundenbuch herausg. von Lappenberg. S. 247 u. 248. Diese päpstlichen Schreiben vom Jahre 1188 sprechen noch nicht von einem episcopatus Livoniensis, sondern nennen das Bisthum Ixscolanensis, d. h. zu Yrküll.

103) S. 58. Z. 19. In Stephani Baluzii Miscell. ed. Mansi III. 384. Lucae 1762 ist ein Schreiben des Papstes Clemens III. enthalten, das die Ueberschrift: Livoniensi Episcopi führt. Clemens starb im Jahre 1191, mithin muß das „livische Bisthum", dessen Stiftungsurkunde verloren ist, bereits vor dem Jahre 1191 gegründet sein. Auf dieses wichtige Schreiben hat mich Philipp Jaffé aufmerksam gemacht, der augenblicklich mit dem großen Werke der Sichtung und Herausgabe der päpstlichen Urkunden bis zum Jahre 1200 beschäftigt ist. Durch dieses Schreiben Clemens III. erhält das seines Nachfolgers Coelestins III. vom

27. April 1193 „ad episcopum Livoniensem" neue Beglaubi=
gung; s. daffelbe in den Mittheilungen aus dem Gebiete der liv=
ländischen u. s. w. Geschichte III. 323.

104) S. 59. B. 14. Arnold, Lub. VII. 9.

105) S. 59. B. 20. Die livländische Reimchronik Ditleps von Al=
peke, (herausgegeben von F. Pfeiffer in der Bibliothek des lite=
rarischen Vereins in Stuttgart. 1844. Band VII.) nennt Ber=
tholb „ein vrommen helt" v. 498.

106) S. 60. B. 5. Ueber das Leben Heinrichs des Letten wiffen wir
nur das Wenige, was er selbst uns gelegentlich über seine Wirk=
samkeit mittheilt. Beim Jahre 1207 seiner Chronik führt er sich
als Scholar des Bischofs Albert ein (orig. Liv. 52.). Im Jahre
1208 vertritt er den Bischof bei den Unterhandlungen mit den
Esten (orig. 56.). Im Jahre 1212 dient er als Dollmetscher
bei den Verhandlungen mit den Liven von Thoreida (orig. 88.).
Im Jahre 1215 schifft er sich mit dem Bischof von Raheburg
in Riga ein, wahrscheinlich um biesen nach Rom auf die große
Kirchenversammlung zu begleiten (orig. 102.). Im Jahre 1216
folgt er dem Heere der deutschen Ritter, die einen Feldzug gegen
Harrien unternehmen (orig. 109.). Im Jahre 1220 schickt der
Bischof Albert ihn als Missionar nach Estland (orig. 143. 148.)
und im Jahre 1227 beschreibt er als Augenzeuge den beschwer=
lichen Winterfeldzug der Deutschen gegen die Insel Oesel. —
Seine Chronik ist lateinisch geschrieben und reicht von der Grün=
dung des livischen Bisthums bis zum Jahre 1227. — Im Jahre
1740 wurde sie zum erstenmale nach einem hannöverschen Ma=
nuscripte vom Hofrath J. D. Gruber herausgegeben und von
biesem mit trefflichen Anmerkungen versehen. Indeffen war das
Manuscript, deffen Gruber sich bediente, unvollständig; vier Bo=
gen, welche die Geschichte des Jahres 1221 enthielten, waren
herausgeriffen. Im Jahre 1747 übersetzte dann Arndt, welcher
Rektor der Schule zu Arensberg auf Oesel war, das Gruberfche
Werk und lieferte nach einem revalschen Manuscripte den jenem
fehlenden Abschnitt. Bei der Benuhung beider Werke hat man
darauf zu achten, daß vom dritten bis zum lehten Kapitel alle
am Rande bemerkten Jahresangaben, von denen keine von Hein=

rich dem Letten selbst herrührt, immer um ein Jahr hinter der wirklichen Jahresrechnung zurückblieben. Der Grund hiervon liegt darin, daß Gruber alle Vorbereitungen, die Bischof Albert zu seiner ersten Ueberfahrt nach Livland treffen mußte, in das Jahr 1198 zusammendrängt. Wenn aber Bischof Berthold, wie Heinrich der Lette berichtet, am 24. Juli 1198 starb und Albert im selben Jahre zu seinem Nachfolger ernannt ward, so blieb ihm keinesfalls Zeit, nach Gothland und Dännemark zu reisen und schon zu Weihnacht desselben Jahres 1198 in Magdeburg mit Phillpp von Schwaben zusammenzutreffen. Weder Phillpp war im Jahre 1198 in Magdeburg (f. Böhmers Regesten) noch Albert, sondern beide sahen sich dort um Weihnacht des Jahres 1199, nachdem der Bischof in demselben Jahre in Gothland und Dänemark gewesen war. Im Frühjahre 1200 schiffte er sich dann nach Livland ein und hiernach ist die ganze gruberfche Rechnung zu verändern. Legt man also zu dem von Gruber angemerkten Jahre immer ein Jahr zu, so stimmt auch die Chronologie Heinrichs des Letten mit derjenigen der fremden gleichzeitigen Berichterstatter überein. Danach unternimmt Waldemar von Dänemark seinen Zug gegen Oesel nicht, wie Gruber angiebt, im J. 1205, sondern im J. 1206, was durch das Chron. Sialand. bestätigt wird; nicht 1214 sondern 1215 ist der Concil zu Rom; nicht 1215, sondern 1216 trifft Bischof Albert mit Friedrich II. in Hagenow zusammen (f. Böhmers Regesten); nicht 1218 sondern 1219 zieht Waldemar nach Estland (f. Dahlmann, Gesch. v. D. I. 369); nicht 1219 sondern 1220 ist Friedrichs Kaiserkrönung (f. Böhmers Regesten); nicht 1223 sondern 1224 ist Dorpat erobert (f. Mittheilungen aus d. G. Livlands u. f. w. IV. 56). Die weiteren Resultate meiner Berechnung würde ich hier angeben, wenn sie nicht aufs genaueste mit denen der von Hansen angestellten übereinstimmten. S. dessen ausführliche Vorarbeiten zu einer neuen Ausgabe Heinrichs des Letten in den Verhdlg. d. est. G. II. 47.

107) S. 60. Z. 16. Meinardus, „vir vitae venerabilis et venerandae canitiei". Orig. Liv. I.

108) S. 60. Z. 17. Von Bertold sagt der Abt Arnold, „considerabant sane in viro gratiam conversationis, temperantiam so-

brietatis, modestiam patientiae, virtutemque abstinentiae, in-
stantiam praedicationis, jucunditatem affabilitatis". VII. 9.

109) S. 61. 3. 10. K. H. v. Buffe über den Geschlechtsnamen des
Bischofs Albert von Riga in Mittheilg. aus d. Gebiete u. f. w.
IV. 1. — Ueber Alberts Brüder f. das Weitere unten am Ende
des V. Kapitels.

110) S. 61. 3. 22. Lappenbergs hamburger Urkb. S. 256.

111) S. 62. 3. 5. Arnold sagt VII. 9 von Albert: „qui cum adhuc
juvenili floreret aetate, magna morum pollebat maturitate. Et
quia vir parentatus erat, ornatus fratribus et amicis, in vinea
Domini cooperatores habebat plurimos. Nec facile exprimere
potero, quantam invenerit gratiam apud Reges et magnates".

112) S. 62. 3. 15. Orig. Liv. 144. „venerabilis senex Albertus"
im Jahre 1220.

113) S. 62. 3. 25. Hurter, Innocenz III. Band. II. S. 691. Anmerkung 168. Hamburg 1834.

114. S. 63. 3. 6. Hamburger Urkb. B. S. 280.

115) S. 64. 3. 11. Giesebrecht, wend. Gesch. I. 31. Heinrich d. Lette
spricht nur einmal von Lübeck, orig. Liv. 147. Vom Bischof Berthold sagt Arnold ausdrücklich, daß er sich in Lübeck eingeschifft habe.

116) S. 65. 3. 20. Nach den Worten Heinrichs „pro sede sua"
(orig. 18) scheint es, daß Albert seinen bischöflichen Stuhl mit-
genommen hatte.

117) S. 67. 3. 11. Schon beim J. 1198 spricht Heinrich von einem
„locus Rigae" und beim J. 1200. „locum, quem Rigam ap-
pellant" (orig. 12. 19).

118) S. 67. 3. 14. Kruse, Urgesch. 546. Anmerkg. Possart, Statistik
und Geogr. des Gouvernements Kurland. 67.

119) S. 67. 3. 21. Im J. 1201 kehrt Albert nach Livland zurück,
und in demselben Sommer wird Riga gegründet. orig. 20. Hiernach kann kein Zweifel mehr obwalten über das Jahr der Gründung Rigas.

120) S. 68. 3. 2. „Campana belli dulcisona." orig. 67. 96.

121) S. 68. 3. 6. Lübecker Urkundenbuch S. 61. — Waitz, deutsche
Verfassungsgesch. I. Beilage 2: über die Zwölfzahl in den germanischen Verhältnissen. S. 287.

122) S. 68. Z. 8. Daß die Zwistigkeiten zwischen Novgorod und den gothländischen Deutschen, welche im J. 1188 eine lange Handels= sperre zur Folge hatten, höchst günstig auf das rasche Empor= kommen Rigas einwirken mußten, wohin die Novgoroder über Pleskow ihren Handel treiben konnten, hat Lehrberg in seinen Untersuchg. zur älteren Gesch. Rußlands S. 136 nachgewiesen.

123) S. 68. Z. 14. Urkunde zur älteren Gesch. Rigas im vierten Bande der Monum Livon. antiq. S. CXXXIX.

124) S. 68. Z. 22. Das Stadtwappen Rigas vom J. 1226. Monum. Livon. ant. IV. S. XV.

125) S. 68. Z. 24. „Dewyle de löfflike Stadt Bremen wahrhafftich eine Moder ys veler Lyfflendischen Stede unde Schlöter, und be= ock fost gantz Lyfflendt uth der Döpe gehauen." Russows Ein= leitung zu seiner Chronik.

126) S. 69. Z. 19. „per omnes vicos et plateas et Ecclesias." orig. 46.

127) S. 70. Z. 3. Ueber den Ritter Konrad von Meyendorp, der im J. 1201 mit Daniel von Bannerow nach Livland zog, während ein anderer Arnold von Meindorp zwei Jahre später eintraf, orig. Liv. 20. 23. 30. 32. 36. Ueber Bernhard von Sehehusen oder Sehusen, Lappenberg, hamb. U. B. 310. Ueber den Grafen Heinrich von Stumpenhusen s. orig. Liv. 32. und Lappenberg h. U. B. 299. Ueber Helmold von Plesse, Meiern, Origines et antiquitates Plessenses, Ankunft und Wachsthum der Edlen Herrn von Plesse. I. 42 u. folg. Leipzig 1713. Lappenberg h. U. B. 275. Ueber den Grafen Bernhard von der Lippe s. orig. Liv. 75. Ueber Tiesenhusen s. orig. 72. 169.

128) S. 70. Z. 18. „Conversa et baptizata tota Livonia." Orig. Liv. 43.

129) S. 70. Z. 27. „qui more militari tam in equo, quam in se ipso, bene loricatus" orig. 30.

130) S. 75. Z. 26. Orig. Liv. 53. Hansens Bemerkung in s. angef. Aufsatze S. 81.

131) S. 76. Z. 13. Ueber Rudolph v. Jerichow, orig. 59. Hermes und Weigelt, historisch=geographisches Handbuch vom Regierungs= zirke Magdeburg. II. 169. 170.

132) S. 76. Z. 24. „cum esset Gercike semper in laqueum et

quasi in diabolum magnum omnibus in ipsa parte Dunae ha-
bitantibus." orig. 62.

133) S. 77. Z. 25. „juxta Dunam usque Gercike totidem (sc. de-
cem) dietas." orig. 172.

134) S. 77. Z. 27. Ueber die Gründung des Klosters zu Dünamünde
im J. 1202. orig. 22.

135) S. 78. Z. ib. Die Letten vermieden von Anfang an die Kämpfe
mit den Deutschen. Orig. 36. 41. 90.

136) S. 78. Z. 20. Ueber den Zehnten und die den Liven auferlegten
Kirchenabgaben, Orig. Liv. 79. 81. 94. Ueber die Errichtung
der Kirchen in Thoreida, Metsepole, Ropa, Ydumäa, Tolowa,
an der Ymera u. s. w. Orig. Liv. 43. 44. 47. 52. 74.

137) S. 78. Z. 23. Ueber die advocatia s. orig. 44 seq. Unter den
vielen von Heinrich d. L. namentlich angeführten Advocaten finden
wir den Priester Alobrand (orig. 46), Engelbert von Tiesenhusen
(or. 72. 169), Diedrich von Burhövden, dem der Fürst Waldemar von Pleskow als Advocat in Ydumäa folgt (or. 91), Daniel
v. Bannerow in Lennewarden (or. 87) u. s. w.

138) S. 79. Z. 1. „Livoniam cum omni dominio et jure ab Imperatore receperat." Orig. 48. 46.

139) S. 79. Z. 17. „Ludus prophetarum." Orig. 34.

140) S. 81. Z. 2. Albert überläßt den Schwertrittern den dritten
Theil von Livland „cum omni jure et dominio" orig. 48. Als
er im J. 1209 dem Ritter Rudolph von Jerichow die Burg Ro-
senhusen als Lehn giebt, muß dieser ein Drittheil des Besitzes
dem Orden einräumen, Orig. 60, welches späterhin im J. 1212
gegen den Lettendistrikt Autine ausgetauscht wird, Orig. 91.

141) S. 81. Z. 13. Kohl, Ostseeprovinzen, I. 226.

142) S. 81. Z. 19. Ueber den livischen Stamm der Wenden, Orig.
Liv. 44. 173. Die „fratres militiae de Wenden" werden zuerst
beim Jahre 1208 genannt, Orig. 56. Im J. 1210 belagern
die Esten die Burg Wenden, orig. 69. Lehrberg, Untersuchg.
zur älteren russ. Gesch. S. 191.

143) S. 84. Z. 22. Wladimir von Polozk starb im J. 1215 als er
sich auf Bitten der Esten zu einem neuen Feldzuge gegen die
Deutschen gerüstet hatte. Orig. Liv. 108.

144) S. 85. Z. 15. „Viliendo seu Vellino"; Orig. Liv. 176. Den
Namen Villende leitet Kruse von Wilja-ande, die Korngabe her,
da die Umgegend besonders reich an Korn ist; s. Urgesch. des
estn. Volksst. 99. — Ueber die erste Belagerung Villendes durch
die Deutschen im Jahre 1211 s. Orig. 71. 72. — Soontaggana
heißt „hinter dem Morastflüßchen gelegen". Verhandlg. der estn.
Ges. I. 51.

145) S. 86. Z. 21. Beim J. 1215 heißt es: „Tota Estonia sae-
vire coepit contra Livoniam." Orig. Liv. 98.

146) S. 88. Z. 2 von unten. „cum armis melioribus, qui fuerant
in Russia". Orig. Liv. 125.

147) S. 91 bis 95. Bei der Darstellung des Jugendlebens Friedrichs II. bin ich hauptsächlich Raumers Gesch. der Hohenstaufen
gefolgt.

148) S. 96. Dahlmann, Gesch. v. Dän. I. 361 u. folgd. Böhmer,
Regesten des Kaiserreiches von 1198—1254. Erste Abtheilung.
S. 79.

149) S. 97. Z. 2. Suhm, Historie af Danmark. IX. 750.

150) S. 98. Z. 12. Orig. Liv. 128, und dazu Grubers Bemerkungen.

151) S. 99. Z. 10. Damit zu vergleichen Grubers Bemerkg. zu Orig.
Liv. 130 und Dahlmann, dän. Gesch. I. 370.

152) S. 100. Heinrich der Lette erzählt hier als Augenzeuge von
den Bekehrungsversuchen der Dänen im Estenlande, wohin er im
Jahre 1220 von Albert abgeschickt war. Orig. Liv. 143.

153) S. 101. Z. 1. „Dani sacerdotes suos, quasi in messem alie-
nam, miserunt." Orig. Liv. 143.

154) S. 101. Z. 16. „Der Schlüssel Livlands", so nennt Dahlmann
Gesch. v. D. I. 372 die Stadt Lübeck. S. unsere Anmerk. 116.
u. Seite 65. — Deecke, Grundlinien zur Gesch. Lübecks. §. 28.

155) S. 103. Z. 25. Barthold, Gesch. Rügens und Pommerns, II.
344. Rathmann, Gesch. v. Magdeburg II. 58. Suhm, Historie
af Danmark, IX. 302. Auf diesen wichtigen Umstand, der am
besten das damalige Verhältniß der livischen Kirche zu Rom so
wie die spätere Besitznahme der dänisch-estnischen Provinzen
durch den päpstlichen Legaten erklärt, hat mich Johannes Merkel
aufmerksam gemacht, der mich überhaupt bei allen sprachlichen,

rechts- und kirchengeschichtlichen Untersuchungen mit treuster Theilnahme unterstützt und dadurch diese Arbeit wesentlich gefördert hat.

156) S. 104. Z. 4. Dieses päpstliche Schreiben in Lappenbergs Hamburg. Urkundenb. S. 344.

157) S. 104. Z. 14. Man vergleiche hiermit die wiederholten Auf-
forderungen die Honorius III. an die bremische Geistlichkeit
ergehen ließ, die nach Livland bestimmten Kreuzfahrer nicht zu
behindern (Schreiben v. 30. April 1218, Hamburg. U.B. S. 362),
den Bischof von Livland nicht zu belästigen und nicht zu ver-
suchen dessen Kirche der Gerichtsbarkeit des bremischen Erzstiftes
zu unterwerfen (Schreiben vom 26. Oktober 1219 und schon
früher ein ähnliches aus dem Jahre 1218, Hamburg. U.B. S. 363
und 371). Raynaldi annales ecclesiastici. Lucae 1747. Tom I.
p. 443. 461 ad a. 1219.

158) S. 105. Z. 3. Orig. Liv. 142.

159) S. 105. Z. 13. Schon im Jahre 1219 hatte Albert sich in
Rom um die Metropolitangewalt über Livland bewerben lassen.
Raynaldi ann. eccl. I. 461.

160) S. 106. Z. 3. „Misericorditer et paterne suas exaudivit pe-
titiones." Orig. Liv. 147. Besonders wichtig ist hierzu Grubers
Anmerkung. n. — Schon mit Innocenz III. stand der König
Waldemar im engsten Verhältnisse, Raynaldi ann. ad a. 1210.
Tom. I. 301.

161) S. 106. Z. 17. Böhmers Regesten, Abtheilg. I. S. 113.

162) S. 107. Z. 8. „Schuldlos" war Albert mit Bremen verfeindet,
denn er hatte sein Verhältniß mit dem dortigen Erzstifte nicht
aus eigenem Antriebe sondern in Folge des hohen päpstlichen
Schreibens vom J. 1213 aufgeben müssen.

163) S. 107. Z. 14. „Prohibebat enim Rex Daciae Lubicensibus,
subditis suis, naves peregrinis in Livoniam praestare, donec
Episcopum ad suum emolliret consensum." Orig. Liv. 148.

164) S. 108. Für die Ereignisse der Jahre 1221 und 1222 giebt
Gruber nur theilweise Auskunft. Das ihm Fehlende siehe in
Arndt, lievländ. Chronik. I. 166—177.

165) S. 111. Z. 5. „Heiligenschein der Religion" Dahlmann, dän.
Gesch. I. 371.

166) S. 112. Z. 25. „et se et domos suas et castra lavantes aquis, et scopis purgantes, taliter baptismi sacramenta de finibus suis omnino delere conabantur". Orig. Liv. 155.

167) S. 113. Z. 17. „sed statim sacculos et panes et pannos suos projicientes". Orig. Liv. 157.

168) S. 113. Z. 27. Ueber biesen Zug der Russen gegen Reval (Koll= wan) sprechen auch bie russischen Chroniken und setzen benselben in bas Jahr 1223, was mit unseren obigen Bemerkungen über bie Jahresrechnung Heinrichs bes Letten übereinstimmt. Lehr= bergs Untersuchungen. 133.

169) S. 115. Z. 13. Ueber bie Einrichtung und Anwendung bieser Igel und Schweine („ericii et porci". Orig. Liv. 167) bin ich im Unklaren geblieben. Von ben Igeln spricht der Chronist auch bei der Belagerung der Feste Mesothen im J. 1219; eines Sturm= schweines gedenkt er beim Sturme auf Mone im J. 1227 (orig. Liv. 135 und 180). Es scheint baß biese Maschinen zum Auf= wühlen der Burgwälle benutzt wurden. Auch bu Cange giebt eine ungenügende Erklärung.

170) S. 116. Z. 9. Orig. Liv. 88.

171) S. 117. Z. 7. „Teutonici in tympanis, fistulis et buccinis et ceteris instrumentis musicis; Rutheni cum suis instrumentis, et Tarantis clamoribusve noctes omnes insomnes ducunt." Orig. Liv. 167.

172) S. 117. Z. 24. Ueber ben Namen Frethehelm von Poch s. Ver= handlg. der estn. Gesellschaft. II. 81. Mittheilung. aus bem Ge= biete der liv. u. s. w. Gesch. IV. 43 u. 44. Ebendort auch bas Nähere über Johannes de Appelbern.

173) S. 119. Z. 27. Karamsin, Gesch. v. Rußland, beutsche Ueber= setzung. III. 198.

174) S. 121. Z. 9. Die Burg Segewolb war schon im Jahre 1212 in ben Händen der Schwertritter. „At illi exeuntes de castello Sygewaldensi, quod noviter aedificaverant." Orig. Liv. 87.

175) S. 121. Z. 10. Ueber bie Vertheilung bes eroberten Estenlandes unter Geistlichkeit und Orben s. außer der Chronik auch Mit= theilungen aus bem Gebiete u. s. w. IV. 30 u. folgb.

176) S. 122. Z. 14. Gegen Enbe bes Jahres 1224 schickt Honorius

den Legaten nach Livland. Raynaldi annales eccles. Lucae 1747. I. 541.

177) S. 123. Z. 3. „Wironiam, quae est terra fertilis et pulcherrima et camporum planitie spaciosa." Orig. Liv. 133.

178) S. 124. Z. 6. Deecke, Grundlinien zur Gesch. Lübecks von 1143—1226. S. 20 u. folgd.

179) S. 125. Ueber diese dänischen Angelegenheiten in Estland f. Orig. Liv. 178. 179. Chronicon ordinis Teutonici (Hofmeister-Chronika) CXLVII. Dahlmann, Gesch. v. Dännemark. I. 388. Raynaldi annales ecclesiast. ad a. 1236. Lappenberg, urkundliche Gesch. d. d. Hanse. II. 28. Anmerkung.

180) S. 127. Z. 14. Böhmer, Regesten d. Kaiserreiches v. 1198—1254. Erste Abtheilg. 132. Arndt, livländ. Chronik. II. 19.

181) S. 127. Z. 23. Böhmer, Regesten. I. 223.

182) S. 127. Z. 25. Voigt, Geschichte Preußens. II. 320, verweist auf Gadebusch, livländ. Jahrb. I. 205. Leider habe ich dies Werk von Gadebusch nicht benutzen können.

183) S. 128. Z. 1. Böhmer, Regesten. I. 231.

184) S. 128. Z. 20. Wilda und Reyscher, Zeitschrift für deutsches Recht. X. 87. Bunge über den Sachsenspiegel als Quelle des livländ. Ritterrechtes. Bunge, Einleitung in die liv. esth. u. curländische Rechtsgeschichte. Reval 1849. S. 97. 105. 106—112. Homeyers Abhandlung in den Jahrbüchern für wissenschaftliche Kritik. Berlin 1828. II. 553.

185) S. 128. Z. 25. Ueber die Feindseligkeiten Waldemars gegen die livischen Kreuzfahrer f. das Weitere unten Kapitel VII. Hier will ich nur auf das päpstliche Schreiben an die Lübecker vom 28. Novbr. 1226 aufmerksam machen, so wie auf das Schreiben des Bischofs Albert an die Bürger von Lübeck vom J. 1227, f. Lübecker Urkundenbuch XXXVI u. XLI. S. 48 und 53.

186) S. 129. Z. 12. Voigt, Geschichte Preußens. II. 320.

187) S. 129. Z. 15. Karamsin, Gesch. v. Rußland. III. 206.

188) S. 129. Z. 20. Lappenberg, urkundliche Geschichte der deutschen Hanse II. 28. Ewers Beiträge zur Kenntniß Rußlands I. 325. Wurms angef. Abhandlung in Schmidts Zeitschr. f. Gesch. V. 223. Dieser Tractat wurde nicht im J. 1228 sondern 1229 abgeschlossen,

da „Albracht", wie es gleich zu Anfang heißt, „der rigaische
Oberherr gestorben war".

189) S. 130. Z. 1. Das Hamburger Necrologium, worauf Lappen=
berg mich aufmerksam gemacht hat, enthält das Datum des
Todestages des Bischofs Albert: „XVI. Kal. Febr. Alberti Livoniensis episcopi", s. Langebek scriptor. rer. Danicar. V. 388.
Arndt, livl. Chronik II. 33.

190) S. 130. Z. 16. Arndt, livl. Chronik. I. 211. Anmerkung.

191) S. 132. Z. 12. Orig. Liv. 163. 164.

192) S. 132. Z. 18. Rothmar war bereits im J. 1205 mit dem
Bischof nach Livland gezogen. Orig. Liv. 31. 170. Diedrich
kam im J. 1203 nach Riga und heirathete im J. 1210 die
Tochter des Fürsten von Pleskow. Orig. 23. 84. 169. Ueber
den Priester Salomon s. Arndt, livlb. Chronik. I. 166.

193) S. 133. Z. 4. Raynaldi annal. eccles. ad a. 1223. I. 520.

194) S. 133. Z. 10. Raynald. ad a. 1225. XIII. Kal. Decembr.
I. 549.

195) S. 133. Z. 24. Lappenberg, Hamburger Urkundenbuch. S. 408.

196) S. 134. Z. 5. Orig. Liv. 183. Albert, Stadens. ad a. 1229.

197) S. 135. Z. 10. Raynald. annal. II. 54 seqq.

198) S. 135. Z. 16. Lehrberg, Untersuchungen zur älteren Gesch.
Rußlands. 117. 126. 197.

199) S. 136. Z. 5. Bald nach dem Jahre 1163 gehört das Bisthum
von Åbo zum Sprengel des Erzbischofs von Upsala. Geijer,
Gesch. v. Schweden. I. 142. 144.

200) S. 136. Z. 22. Dahlmann, Gesch. v. Dännemark. I. 278. 333.

201) S. 137. Z. 13. Ueber die Gründung von Stralsund im J. 1209
s. Codex diplom. Pomeran. 358. 404. Dahlmann, I. 361.

202) S. 138. Für die Geschichte des deutschen Ordens, vergl. Voigt,
Geschichte Preußens I u. II.

203) S. 139. Schlözer, Geschichte von Litthauen. 39.

204) S. 141. Z. 2. Raynaldi ann. eccles. Lucae 1747. T. II.
113. No. 45.

205) S. 242. Z. 18. „Quidam qui ad terram ipsam aspirant, ut
eam sue facilius subiciant ditioni". Papst Gregor IX. in seinen Schreiben vom 15. Februar 1234 an die Lübecker Geistlich=

keit und an den Bischof von Ratzeburg. Lübecker Urk. Bd. LXI und LVI. S. 64 und 65.

206) S. 142. 3. 28. Dahlmann, Geschichte von Dännemark. I. 395.

207) S. 143. 3. 8. Schreiben des Papstes an den Probst und Decan zu Halberstadt vom 30. August 1234. Lübecker Urk. Bd. LXIV. S. 72.

208) S. 143. 3. 20. Das Schreiben, worin der Papst den Erzbischof von Bremen, den Decan zu Schwerin und den Abt zu Reinfeld auffordert, die Einstellung der gegen den König von Dännemark ergriffenen Maaßregeln zu veranlassen, ist datirt von Perusia vom 10. März 1235. Lübecker Urk. Bd. XLVII. S. 75.

209) S. 143. 3. 23. Arndt, livl, Chronik. II. 35.

210) S. 144. 3. 7. Dieses Urtheil über Herrmann von Salza führt Voigt in seiner Geschichte Preußens II. 71. aus einer handschrift= lichen Ordenschronik an.

211) S. 144. 3. 10. Falckenstein, thüringische Chronika. Erfurt 1738. Buch II. Theil II. S. 958.

212) S. 144. 3. 14. Gervinus Urtheil über die Minnesänger in sei= ner Geschichte der poetischen Nationalliteratur der Deutschen. Leipzig 1835. I. 301.

213) S. 146. 3. 7. Voßberg, Geschichte der preußischen Münzen und Siegel. S. 8. Berlin 1843.

214) S. 147. 3. 2. Arndt, livl. Chronik. II. 36.

215) S. 147. S. 2. Regesta diplomatica historiae Danicae. I. 103. Hauniae 1843. Raynaldi annal. eccl. ad a. 1236. II. 157. Orig. Liv. 273.

216) S. 148. 3. 21. Voigt, Geschichte Preußens. II. 338.

217) S. 149. 3. 9. Regesta dipl. hist. Dan. I. 104.

218) S. 149. 3. 12. Orig. Liv. 274.

219) S. 150. 3. 4. Thorkelin diplomatarium. Hauniae 1786. I. 301.

220) S. 151. Ueber Gothland, f. Guta=Lagh, der Insel Gothland altes Rechtsbuch, herausgegeben von Schildener; Wallin, goth= ländska Samlingar, Stockholm 1747 und Götheborg 1776; Er= innerung an das alte niedersächsische Recht der Stadt Wisby nebst Abdruck der Vorrede und des ersten Kapitels im zweiten Stück von Schildeners Beiträgen zur Kenntniß des germanischen

Rechts; Karl von Linné, Reisen durch Oeland und Gothland im Jahre 1741, aus dem Schwedischen übersetzt, Halle 1764; Rühs Schweden S. 255 und 313; Adam Olearius orientalische Reise vom Jahre 1634, Buch II, S. 36; Pardessus collection de lois maritimes. Paris 1828. T. I. chp. XI. T. II. chp. XVII. Dahlmann, Geschichte von Dännemark. II. 3—9.

221) S. 151. Z. 1. Die „alte Erzählung" von dem Entstehen, der Bevölkerung, Christianisirung und dem Anschlusse Gothlands an Schweden ist der Guta=Lagh angehängt; s. die Ausgabe von Schildener 106 — 115. Ueber Thielvar s. auch Lyschander synopsis hist. Danicar, Hauniae 1622, S. 41, der aber behut=sam zu benutzen ist.

222) S. 156. Z. 6. Nach Leopold von Ledeburs Untersuchungen ha=ben sich in der Umgebung Wisbys arabische Münzen in unge=wöhnlicher Menge gefunden.

223) S. 152. Z. 8. Auf die Wichtigkeit des alten Wisby für den baltischen Handel hat besonders Ernst Herrmann aufmerksam ge=macht in seinen Beiträgen zur Geschichte des russischen Reiches, 1—46. Ueber den Reichthum der Stadt s. Schildeners Guta=Lagh, Vorrede S. XLIII. Wallin 225.

224) S. 155. Z. 8. Ueber den „Botschaftsstab" s. Schildeners An=merkung 447.

225) S. 156. Z. 6. Wulfstans Reisebericht in Dahlmanns Forschun=schungen auf dem Gebiete der Geschichte. I.

226) S. 156. Z. 17. Der Name Wisby bedeutet Schutzort s. Schil=deners Beiträge u. s. w. II. 93.

227) S. 157. Z. 22. „do sik de Lübe to Goblande van manigherhande tunghen sammeden" Schildeners Beiträge. II. 95.

228) S. 157. Z. 17. In der den Gothländern von Heinrich dem Löwen ausgestellten Urkunde vom 18. October 1163 heißt es ausdrücklich: „Juris igitur et pacis ejusdem decreta, Gutensibus quondam a serenissimo Romanorum Imperatore domino Lothario, pie memorie, avo nostro concessa." Lüb. U. B. 5.

229) S. 157. Z. 21. Lüb. U. B. 5.

230) S. 158. Z. 7. „Sliesthorp" s. Einhardi ann. ad a. 804 und 808. Pertz, Monum. I. 191. 195.

231) S. 158. Z. 18. „Strata Ottonis Caesaris" Adam Bremens. IV. 1. Giesebrecht wendische Geschichten. I. 25.

232) S. 158. Z. 20. Saxo Gram. ed. Stephani 271. Hauniae 1644.

233) S. 158. Z. 24. Kaswinis Kosmographie hergb. von F. Wüstenfeld. II.

234) S. 159. Z. 1. Adam. Bremens. II. 19.

235) S. 159. Z. 8. Geijer, Gesch. v. Schweden I. 72. Frähn, Ibn Foßlan. 54.

236) S. 160. Z. 8. Wallin Samlingar. I. 108. Guta-Lagh S. 243. Anmerkg. 330.

237) S. 160. Z. 19. Kohl, Reisen im Innern von Rußland. I. 20—32.

238) S. 160. Z. 25. Ueber die alten Wolchowbrücken in Novgorod f. Lehrberg Untersuchungen. 270. Anmerkung.

239) S. 161. Z. 4. Ueber die Kirche der heiligen Pätniza f. Lehrberg. 267. Lappenberg urkundliche Gesch. der Hansa. II. 39. Anmrkg. 3.

240) S. 161. Z. 14. Saweljew über den Handel der Wolgabulgaren im neunten und zehnten Jahrhdrt. in Ermans Archiv für wissenschaftl. Kunde von Rußland. Band VI. Heft 1. 1847.

241) S. 162. Z. 2. Nestor II. 193.

242) S. 162. Z. 22. Nestor V. 142. Krug, Forschungen in der älteren Gesch. Rußlands. St. Petersburg 1848. II. 426 u. folgb.

243) S. 153. Z. 11. Slögrens Aufsatz in den Mémoires de l'Academie de St. Pétersbourg. VIᵐᵉ Série. I. 269.

244) S. 163. Z. 13. Ueber Ulebs Zug f. ebendaselbst I. 514.

245) S. 163. Z. 16. Die russischen Chroniken gedenken beim J. 1042 zum erstenmale eines Zuges der Novgorods gegen die Jemen. Lehrberg. 115. Mémoires de l'acad. I. 263. 519.

246) S. 163. Z. 17. Mémoires de l'acad. I. 321. 322.

247) S. 163. Z. 21. Mém. de l'acad. I. 330. 337.

248) S. 163. Z. 22. Lehrberg. 30. Mém. de l'acad. I. 327.

249) S. 163. Z. 23. Mém. de l'acad. I. 329.

250) S. 165. Z. 7. Die älteste Skra des deutschen Hofes in Novgorod ist nicht vor dem Jahre 1225 abgefaßt. Lappenberg urkundliche Gesch. d. Hanse. II. 16 und folgende. Lübecker Urk. B. 700. Die Gründung des Hofes fällt aber höchstwahrscheinlich in eine frühere Zeit, da aus dem Inhalte dieser Skra selbst her-

vorgeht, daß die durch sie festgestellten Gesetze schon durch „die alte Sitte" Gewohnheitsrechte waren. Außer dieser Stra ist für die Kenntniß der Zustände jenes deutschen Hofes von besonderer Wichtigkeit ein Handels=Vertrag, den der Fürst Jaroslaw von Novgorod im Jahre 1269 mit den Gothländern und Deutschen abschloß. Lappenberg, urkundl. Gesch. II. 95. Krug, Forschungen II. 621. und der Entwurf zu einem ähnlichen Vertrage, den die Deutschen um das Jahr 1230 bei der novgorober Regierung ein= reichten, Lappenberg II. 29.

251) S. 168. Z. 2. Ueber den Transport der Waaren auf dem Wol= chow f. Krug, Forschungen II. 629 u folgb.

Gedruckt bei Gustav Schade in Berlin,
Oranienburgerstr. 27.

Zeitfracht Medien GmbH
Ferdinand-Jühlke-Straße 7
99095 Erfurt, Deutschland
produktsicherheit@kolibri360.de